全面、实用的新基民入门教科书

新基民买基金
从入门到精通

富家益 编著

先 求 保 值 · 再 求 增 值
由 浅 入 深 · 循 序 渐 进
形 象 生 动 · 图 文 并 茂

中国纺织出版社有限公司

内 容 提 要

本书将新基民入市应知应会的知识划分成六个模块，并按照先易后难、由浅入深的顺序将其划分成六个单元，是一本专为新基民准备的入市培训教材。

本书从新基民入市准备工作开始，内容涉及新基民申购基金、基金选择、买卖基金以及新基民在投资过程中常见的误区解读等，最后又为新基民提供了不同的基金投资组合，确保新基民在风险最小化的基础上，实现利润的最大化。

本书适合于所有的新基民，包括初入基市者或将要进入基市者。

图书在版编目（CIP）数据

新基民买基金从入门到精通 / 富家益编著. —北京：中国纺织出版社有限公司，2021.3

ISBN 978-7-5180-8173-8

Ⅰ.①新… Ⅱ.①富… Ⅲ.①基金—投资—基本知识 Ⅳ.① F830.59

中国版本图书馆 CIP 数据核字（2020）第 220461 号

责任编辑：顾文卓　　责任校对：高　涵　　责任印制：何　建

中国纺织出版社有限公司出版发行
地址：北京市朝阳区百子湾东里A407号楼　邮政编码：100124
销售电话：010—67004422　传真：010—87155801
http://www.c-textilep.com
中国纺织出版社天猫旗舰店
官方微博 http://weibo.com/2119887771
三河市延风印装有限公司印刷　各地新华书店经销
2021年3月第1版第1次印刷
开本：710×1000　1/16　印张：12.5
字数：163千字　定价：49.80元

凡购本书，如有缺页、倒页、脱页，由本社图书营销中心调换

序言 PREFACE

基金，作为一种逐渐成熟的投资方式日益为广大投资者所青睐。面对纷繁复杂的基金种类，数量众多的基金公司，作为一个投资者，尤其是一个新基民，应该选择何种基金，选择哪一家基金公司才能确保自己的资金做到保值增值呢？

古人云：授人以鱼，不如授人以渔。正因如此，本书没有告诉你到底该选择哪一种基金或选择哪一家基金公司才会让你的资产保值增值，而是告诉你一些选择基金种类、选择基金公司的方法和技巧。读者如果学会这些方法和技巧就能够根据自己的实际情况，合理地设计出自己的基金组合，从而实现资产的保值增值。

为了能够让新基民用最短的时间了解基金买卖程序、熟悉基金的交易技巧，本书在编排上形成了自己独特的风格。与其他基金图书相比，本书具有如下特点。

1. 本书所推崇的理念"先求保值，再求增值"。基金作为一种稳健的投资方式，保值永远是第一选择，其次才是实现基金的增值。本书所有内容也是紧紧围绕"保值与增值"这一话题来写的。

2. 本书知识体系设计上"由浅入深，循序渐进"。本书从新基民入市准备工作开始，内容涉及新基民申购基金、基金选择、买卖基金以及新基民在投资过程中常见误区解读等，最后又为新基民提供了不同的基金投资组合，确保新基民在风险最小化的基础上，实现利润的最大化。

3．本书内容表现上"形象生动，图文并茂"。为了能够让新基民在学习知识的同时不至于死板，所以在内容的表现上，尽可能多地采用图形、图表，以使整本书的风格显得生动、形象。

如果你从来没有接触过基金，那么通过本书，你将从理论到实际、从基础知识到买卖时机，对基金投资建立起一个完整的认识。

在本书创作的过程中，关俊强、程淑丽、李金山对本书的设计思路和体系给出了具体修改意见，齐艳霞、王淑敏、刘伟审阅了部分内容，设计中心贾月、赵睿、董连香、孙宗坤、程富建负责插图和排版的设计，在此一并表示感谢。

富家益投资理财研究中心
2020 年 9 月

目 录
CONTENTS

第一章　新基民入市准备工作

第一节　认识基金投资的特点 …………………………… 2
第二节　了解基金投资的种类 …………………………… 8
第三节　基金投资常用术语 ……………………………… 17

第二章　新基民申购基金全解

第一节　买卖开放式基金的渠道 ………………………… 26
第二节　买卖封闭式基金的渠道 ………………………… 30
第三节　定投型基金的买卖要点 ………………………… 32
第四节　保本型基金的买卖要点 ………………………… 36

第三章　新基民选基金四步曲

第一节　选基金先要选产品 ……………………………… 42
第二节　选基金更要选公司 ……………………………… 83

第三节　看业绩选基金经理 …………………………………… 94
第四节　看大势选择好买点 …………………………………… 101

第四章　新基民买卖基金技巧

第一节　区别对待基金信息 …………………………………… 110
第二节　长线比短线更有利 …………………………………… 123
第三节　基金分红里见分明 …………………………………… 130
第四节　分批申购交易法 ……………………………………… 138
第五节　4招降低投资成本 …………………………………… 140

第五章　新基民投资基金误区

第一节　迷恋于新基金 ………………………………………… 150
第二节　买低价的基金 ………………………………………… 154
第三节　钟情于排行榜 ………………………………………… 157

第六章　新基民基金投资组合

第一节　基金投资的组合方式 ………………………………… 164
第二节　基金投资组合的调整 ………………………………… 180

附录一：基金管理公司名录 …………………………………… 183

附录二：历年基金收益排名（2015～2019）………………… 190

第一章

新基民入市准备工作

我生来一贫如洗,但决不能死时仍旧贫困潦倒。

——乔治·索罗斯

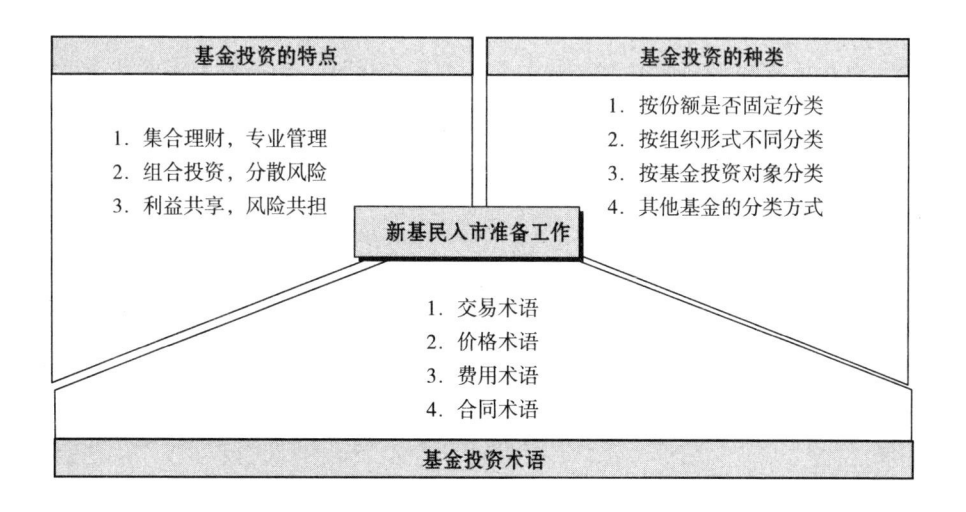

基金投资的特点	基金投资的种类
1. 集合理财,专业管理 2. 组合投资,分散风险 3. 利益共享,风险共担	1. 按份额是否固定分类 2. 按组织形式不同分类 3. 按基金投资对象分类 4. 其他基金的分类方式

新基民入市准备工作

1. 交易术语
2. 价格术语
3. 费用术语
4. 合同术语

基金投资术语

第一节　认识基金投资的特点

关二、张三、赵四都想购买股票、债券之类的证券赚钱，但无奈他们三人都属于"三无"人员：一无足够精力、二无专业知识、三无过多资金，所以他们美好的"理财梦想"一直没能达成。

这一天，赵四把关二、张三请到家里，给大家出了个主意："我们三人每人出点儿钱，雇一个投资高手帮大家投资，到时挣了钱大家平分，亏了也一起承担。"赵四认为可以聘请远近闻名的投资高手朱五，因为他拥有高超的炒股经验，买的股票基本都能赚钱。

张三摇了摇头，表示不同意："大家只是听说过朱五，但并不认识他，把自己的钱交给一个外人打理总觉得不放心。"

这时关二想起了刘大。刘大是他们三人的好朋友，威望很高，并且略懂一点儿证券知识。同时刘大和朱五的关系也很好，如果请刘大牵头负责资金的整体运作，再去聘请朱五来负责具体操作，这样大家都会放心的。听到关二的想法后，张三和赵四都举双手同意。于是他们请来了刘大和朱五。

刘大和朱五都同意三人的方案，几个人经过一番商讨后，定下了4条规矩。

第一，关二、张三、赵四的资金由刘大负责保管，朱五负责运作。

第二，刘大和朱五的劳务费按照操作资金的一定比例收取，定期在筹集的资金中直接扣除。

第三，无论在投资的过程中挣了还是赔了，刘大和朱五两人都不负责。

第四，在扣除刘大和朱五的劳务费后，所有的资金、证券都属于关二、张三和赵四共同所有，如果投资获利，三人按投入的比例分红，如果赔了也要按相应的比例承担损失。

上边例子是一种简单的合伙投资模式，这种合伙模式如果能扩大几万倍，并由专门的公司负责运作，就形成了证券投资基金。

证券投资基金是通过发行基金单位，集中投资者的资金，将资金交由托管银行托管，而由基金管理公司负责管理和运用资金，从事股票、债券等证券投资的基金。故事里的"刘大"相当于"基金管理公司"，而他雇佣的"投资高手朱五"就是我们常说的"基金经理"。另外，为了充分保证投资者的资金安全，还会有专门的银行负责保管所有资金，这就是托管银行。投资者、基金管理公司和托管银行之间的关系如图1-1所示。

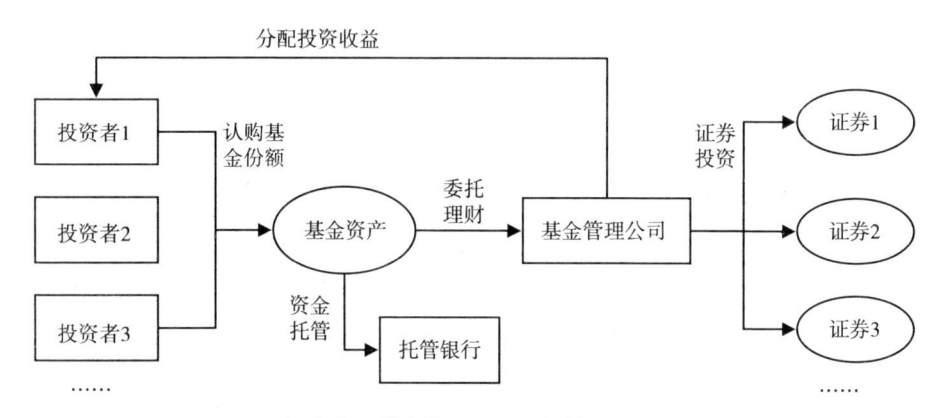

图1-1 投资者、基金管理公司和托管银行之间的关系

基金管理公司是基金产品的募集者和基金管理人，主要负责基金资产的投资运作，在控制风险的基础上为投资者争取最大的投资收益。

基金托管银行是实际保管投资者资金的机构，主要负责：基金资产保管、基金资金清算、会计复核以及对基金投资的监督。根据我国《证券投资基金法》规定，基金资产必须由独立于基金管理人的基金托管人保管。目前，基金托管人只能由依法设立并取得基金托管资格的商业银行担任。

与股票、债券一样,基金也是一种常见的投资方式,但它又具有自己的特点,如集合理财、组合投资、利益共享、风险共担等。

1. 集合理财,专业管理

"众人拾柴火焰高",随便一只基金都可以筹集上亿的资金。所有投资者每人支付不多的管理费,就足够雇佣最专业的基金经理和调研团队。这就是基金投资的第一个优势:集合理财、专业管理。

基金公司雇佣的基金经理不仅掌握广博的投资理论知识,而且在投资领域积累了相当丰富的经验,具有一般股民不可比拟的优势。

2. 组合投资,分散风险

炒股的人都知道,"不要把鸡蛋放在同一个篮子里"。意思是说:买股票时应该尽量把资金分布在多只股票上,这样万一某只股票大幅下跌,整体的资金也不至于出现太大损失。

根据这一理念,投资者要想在投资股票时分散风险,就要持有多只股票,而且这些股票最好涵盖多个不同的行业和不同的价格区间。但是对于普通股民来说,因为个人精力有限,根本没有能力构建这样的股票组合。有的股民在购买了十几只股票后,甚至连这些股票名称、代码都记不清楚,更不要说充分关注了。股民如果盲目地追求"分散投资",只会让自己的股票清单越来越长,股票市值越来越少。

而基金管理公司就不同了,他们有足够的人力、财力同时去购买几十种甚至上百种的股票或债券,充分分散风险。即使在他们的投资组合中有一只股票价格出现大幅下跌,对基金的整体收益也不会产生太大影响。投资者只要花不多的钱买入一只基金,就相当于买了一个由几十只股票组成的投资组合。最重要的是,这个投资组合中的每只股票都会得到专业照看。

表1-1为华夏基金管理公司旗下华夏大盘精选混合基金在2020年第二季度的持仓前10位股票。通过表1-1,大家可以看到,基金持有最多的

白酒类股票占净值比例也不到11%，前10位重仓股占总净值比重在57%左右。相比重仓持有少量股票，基金投资明显有利于分散风险。

表1-1　华夏大盘精选混合基金持仓前10位股票（截至2020年6月30日）

持股代码	持股名称	持股市值（万元）	占净值比例（%）	证券类别
600754	锦江酒店	28,827.99	7.25	A股
603806	福斯特	27,957.06	7.03	A股
600690	海尔智家	24,769.50	6.23	A股
600885	宏发股份	23,073.39	5.80	A股
000568	泸州老窖	21,684.05	5.45	A股
000596	古井贡酒	21,366.61	5.37	A股
002311	海大集团	21,176.74	5.33	A股
000961	中南建设	20,839.17	5.24	A股
603899	晨光文具	18,664.81	4.69	A股
601100	恒立液压	18,592.02	4.68	A股

📖 扩展阅读

系统性风险和非系统性风险

证券投资的风险分为系统性风险和非系统性风险。

基金可以分散的风险只是针对一只股票或者一个范围内几只股票的非系统性风险，比如某个公司大幅亏损导致股价下跌，再比如某个行业走向衰退导致板块内几只股票整体走弱等。

与非系统性风险相对的是系统性风险，也就是整个证券系统都要面对的风险，比如金融危机，再比如2008年与2015年的熊市。尤其是在2008年的大熊市中，每一只股票都在跳水，这样的风险即使购买再多的股票组合也是回避不了的。

3. 利益共享，风险共担

投资必然会有收益或损失两种情况，投资者的资金也会随之出现增值或贬值。所有的基金投资者都应该按所持有的份额平分收益或平摊损失，即"利益共享、风险共担"，这也是基金最大的特点。

例如，某只基金在 2019 年盈利 5%，所有基金持有人都可以按照自己的投资份额分享这部分收益。持有 1000 元基金的可以获得 50 元收益，持有 10000 元基金的可以获得 500 元收益。同样，如果基金亏损 5%，所有基金持有人也应该共同承担损失，持有 1000 元基金的会损失 50 元，持有 10000 元基金的会损失 500 元。

基金公司、托管银行等与投资者之间是服务关系，它们只是提供服务，按照资金的比例收取劳务费，并不参与收益分配，当然也不承担风险。在基金盈利大幅增加时，基金的各项费率不会提高，当基金盈利减少时，基金的各项费率也不会降低。

不过基民并不用担心基金管理公司因此就不负责任的操作。事实上每个基金管理公司都会尽全力去运作旗下的基金品种，因为基金管理公司的收益与基金规模有关，他们只有管理好基金品种，吸引更多的投资者持有基金，才能获得更多的收益。

扩展阅读

国内基金的发展

我国的基金行业起步于 20 世纪 90 年代初。1991 年 8 月，在一系列宏观经济政策的保障下，珠海国际信托投资公司发起成立了国内第一只基金——珠信基金，该基金规模达 6930 万元人民币。同年 10 月，武汉证券投资基金和南山风险投资基金设立，规模分别达

1000万人民币和8000万人民币，国内基金行业由此开始起步。

基金行业一开始的发展十分迅速。到1993年，各地大大小小的基金已经有70家左右，总面值达到40亿元人民币。然而由于监管没有跟上基金发展的步伐，缺乏法律规范的约束，许多基金在成立初期操作十分随意，很不规范。因此在1993年5月，中国人民银行发出通知，要求各省级分行立即停止不规范发行投资基金和信托受益债券的做法。这个通知结束了基金业最初的疯狂，此后各级人民银行再没有批设任何基金。截至1998年初，我国共设立各类投资基金78只，募集资金总规模为76亿人民币，在沪深两个交易所挂牌交易的基金共27只。因为基金整体规模很小，运作也不规范，这些基金后来被称为老基金。

1997年11月，国务院原则通过了《证券投资基金管理暂行办法》，该办法按照国际惯例对基金的设立、管理、运作和交易进行了全面的规定。新办法的出台，使新基金的发行再度开闸。1998年3月，基金开元、基金金泰两只证券投资基金公开发行上市。同一年中，基金兴华、基金安信和基金裕阳相继成立。2001年9月，我国已有14家基金管理公司、34只"创新型"封闭式基金。当时，华安基金管理公司发起成立了我国第一只开放式证券投资基金——华安创新。随着开放式基金的出现，我国基金行业进入新的发展阶段。这一阶段的主要变化不仅在于产品的创新，更体现出整个基金行业的管理及经营理念的一次飞跃，基金公司由过去的封闭式的内部管理转为开放式管理，工作重心也由资产管理转向与客户服务并重。2004年6月1日，《证券投资基金法》正式实施，为中国证券市场和证券投资基金业的发展提供了有力的制度保证，促进了全国投资基金业及整个证券市场的健康有序发展，这是中国基金业和资本市场发展历史上的又一里程碑。自此，基金业竞争进入了市场细分的阶段。在《证券投资基金法》的保障下，基金业进入了一个成熟的快速发展时期。截至2020年第二季度，国内共有公募基金管理人143家，各类公募基金共7497只，公募基金规模达到17.8万亿元；私募基金管理人24447家，各类私募基金89784只，私募基金规模达到15.02万亿元。

第二节　了解基金投资的种类

市场上的基金有成千上万只，从不同的角度可以将这些基金分为不同的类别，如表1-2所示。

表1-2　不同基金分类

按份额是否固定分类	封闭式基金、开放式基金
按组织形式不同分类	公司型基金、契约型基金
按基金投资对象分类	股票型基金、债券型基金、货币市场基金
其他基金的分类方式	LOF、ETF
	QFII、QDII

1. 按份额是否固定分类

基金的"封闭"和"开放"是按照基金份额是否固定来分的。

封闭式基金是指基金发起人在设立基金时，限定了基金单位的发行总额。筹足总额后，基金即宣告成立，并进行封闭，在一定时期内不再接受新的投资。基金单位的流通采取在证券交易所上市的办法，投资者日后买卖基金单位，都必须通过证券经纪商在二级市场上进行竞价交易。

开放式基金是指基金发起人在设立基金时，基金单位或股份总规模不固定，可视投资者的需求，随时向投资者出售基金单位或股份，并可应投资者要求赎回发行在外的基金单位或股份的一种基金运作方式。投资者既可以通过基金销售机构购买基金，使基金资产和规模由此相应增加；也可以将所持有的基金份额卖给基金并收回现金，使基金资产和规模相应减少。

封闭式基金与开放式基金之间的区别如表1-3所示。

表1-3 封闭式基金与开放式基金对比

	封闭式基金	开放式基金
发行规模	基金规模固定不变	基金规模可变
期限	期限固定，我国规定不得少于5年	无固定期限
交易方式	只能在证券交易所以转让的形式交易	交易渠道多样，可以通过券商、银行等代销机构网点申购、赎回
交易价格决定因素	主要受市场供求关系影响，可能溢价也可能折价	完全由基金单位净值决定
投资策略	由于封闭式基金不能随时被赎回，可将募集到的全部资金用于投资，关注长期收益	必须留部分资金应对赎回，由于随时面对被赎回的压力，更注重短期收益，对基金经理的管理能力要求更高

📖 扩展阅读

竞价交易制度

竞价交易制度包括集合竞价和连续竞价。集合竞价确定开盘价和收盘价，连续竞价确定盘中交易价格。

集合竞价在每天开盘前的15分钟内进行。在集合竞价的前10分钟，投资者可以按照自己判断的价格进行买卖委托。但这些委托不会马上成交，交易所的系统会把它们都记录下来。

全部委托结束后，系统会对全部有效委托进行一次性集中撮合处理，按照以下3条原则产生开盘参考价。

1. 这个价格能够确保最多的人成交。
2. 高于参考价的买入委托和低于参考价的卖出委托必须全部成交。
3. 委托价格等于这个价格的买卖双方至少有一方能全部成交。

集合竞价过程中，若有两个或两个以上的价格同时满足上述3个条件时，沪市选取这几个价格的中间价格为成交价格，深市则选取与上一交易日收盘价最接近的价格为成交价格。

例如，在集合竞价阶段，买卖双方只报出了5个交易价格，每个价格上都有10手至20手不等的委托数量，如下表所示。

集合竞价阶段报价表

如果以此价格成交合计卖出数量	委托卖出数量	价格	委托买入数量	如果以此价格成交合计买入数量
76	15	10.02	13	13
61	13	10.01	12	25
48	20	10.00	18	43
28	18	9.99	15	58
10	10	9.98	20	78

由上表可知，如果以10.02元的价格成交，那么所有低于或等于这个价位的卖出委托都愿意成交，总共有76手；但在买入方面，

只有 13 手买入委托可以成交，其他人都想以更低的价格买入，所以系统不会将成交价格定为 10.02 元。

以此类推，如果最后定价 10.01 元将成交 25 手，定价 10.00 元将成交 43 手、定价 9.99 元将成交 28 手、定价 9.98 元将成交 10 手。其中在 10.00 元上的成交数量最多，因此通过集合竞价得出的成交价格为 10.00 元。

这样，在所有委托中低于 10.00 元的所有卖出委托和高于 10.00 元的所有买入委托都能够以 10.00 元的价格成交。在 10.00 元上的买入委托和卖出委托中，数量较少的买入方可以全部成交，卖出方可以成交 15 手，剩余 5 手无法卖出。至于哪 15 手委托成交，将按照"时间优先"原则，也就是谁先委托谁先成交的原则进行。

通过集合竞价确定开盘价后就会进入连续竞价阶段，在这个阶段投资者发出的买卖委托会立即被交易系统按照"价格优先、时间优先"的原则撮合成交，不能成交的委托会排在买卖队列中等待成交。每天开盘时间内随时变动的股价就是由连续竞价得出的。

委托买卖队列表

买卖序列	价格	委托数量
卖③	10.02	15
卖②	10.01	42
卖①	10.00	30
买①	9.99	50
买②	9.98	48

上表为简单的连续竞价阶段买卖队列表，其中每个价位上的委托数量表示：在这个价位上希望买入或者卖出，但还没能成交的买卖委托。例如，卖①上的30手10.00元卖单就表示有投资者希望以10.00元的价格卖出30手股票，但因为当前最高的买入报价只有9.99元，这个卖出委托没能成交，只能在买卖队列中等待。

投资者可以根据买卖队列以及自己的心理价位发出买卖指令。交易系统会根据投资者报出的价格进行成交或者排到买卖队列中。例如，要以10.00元买入10手，或者以9.99元卖出10手，系统会直接成交。而要以9.99元买入10手，或者以10.00元卖出10手，系统会把委托单继续放在买卖队列中等待成交。

如果发出的委托超过了当前价位的承受能力，例如，要以10.00元买入50手，这时系统会先给成交30手，剩余20手放在10.00元上等待成交。这时买卖队列就发生了变化，如下表所示。

委托买卖队列表

买卖序列	价格	委托数量
卖②	10.02	15
卖①	10.01	42
买①	10.00	20
买②	9.99	50
买③	9.98	48

如果再有人愿意以10.01元的价格买入，就会出现10.01元的成交价，这时交易价格就会上涨。

> 在开盘过程中，各种投资者会不断发出各个价位上的交易委托，连续竞价过程持续进行，每个价位上的委托数量会不断变化，而价格也会不断上下变动，这也就形成了证券市场上的上涨和下跌。
>
> 在收盘时，沪深两市的交易方式有所不同，产生收盘价的方式也不相同。
>
> 在上交所，证券的连续竞价过程会一直持续到15点整。在这之后，交易系统都不再撮合任何交易。根据上交所规定，一只证券的收盘价是该证券当日最后一笔交易前一分钟所有交易的成交量加权平均价（含最后一笔交易）。例如，某只证券的最后一笔交易发生在14点59分15秒，那么从14点58分16秒至14点59分15秒一分钟内所有交易的加权平均价就是收盘价。
>
> 在深交所，证券的连续竞价过程会持续到14点57分，之后的三分钟是集合竞价过程。全天未成交的报价都会进入集合竞价系统，同时投资者可以继续发出买卖委托。到15点，系统会根据集合竞价原则确定收盘价。

2. 按组织形式不同分类

按照组织形式的不同，基金可以分为公司型基金和契约型基金。

公司型基金又叫作共同基金，指基金本身为一家股份有限公司，公司通过发行股票或受益凭证的方式来筹集资金。投资者购买了该家公司的股票，就成为该公司的股东，凭股票领取股息或红利、分享投资所获得的收益。

在美国基金市场上公司型基金占多数，但国内目前还没有公司型基金。

契约型基金又称单位信托基金，是指把投资者、管理人、托管人三者作为当事人，通过签订基金契约的形式发行受益凭证而设立的一种基金。

在这个契约中，基金管理公司将募集来的资金委托给托管银行：由基金公司负责资金运作、由托管银行负责资金保管。而基金投资者是这个契约的受益人，契约中的所有资产都归投资者所有，投资产生的收益也属于投资者。目前国内已经发起成立的开放式基金均为契约型基金。签订基金契约各方之间的关系如图1-2所示。

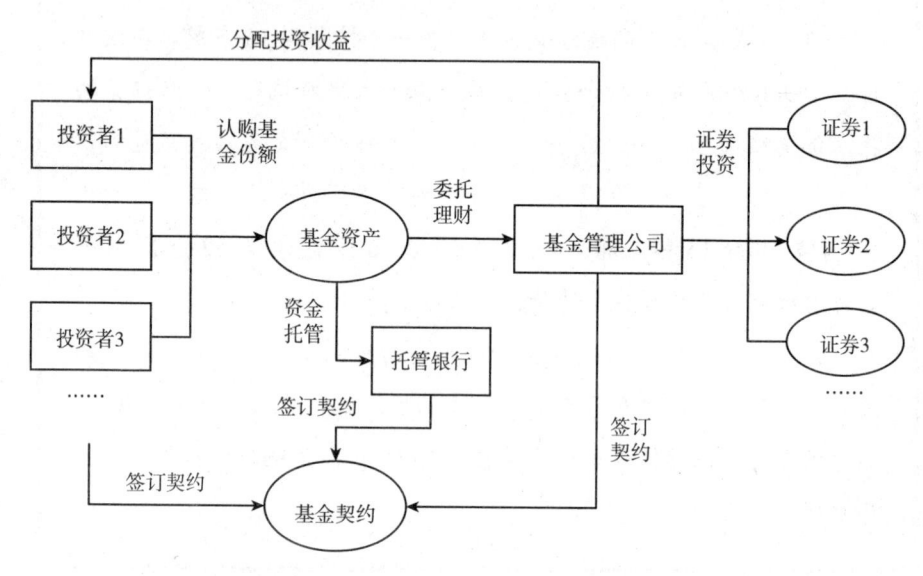

图1-2 签订基金契约各方之间的关系

3. 按基金投资对象分类

按照投资对象不同，基金可以分为股票基金、债券基金、货币市场基金和混合型基金。

股票型基金是指80%以上的基金资产投资股票的基金。

债券型基金是指80%以上的基金资产投资国债、金融债等固定收益类金融工具为主要投资对象的基金。

货币市场基金是指全部基金资产都投资货币市场工具的基金。国内的货币市场工具主要包括国库券、商业票据、银行定期存单、政府短期债券、企业债券、同业存款等短期有价证券。

混合型基金又称为配置型基金，是指灵活投资各类证券品种的基金，现在已经成为基金的主流。

4. 其他基金的分类方式

（1）LOF 和 ETF

LOF 是 Listed Open-Ended Fund 的英文缩写，中文译为上市型开放式基金。LOF 发行结束后，投资者既可以在指定网点申购与赎回基金份额，也可以在交易所买卖该基金。

ETF 是 Exchange Traded Fund 的英文缩写，中文译为交易型开放式指数基金，又称交易所交易基金。ETF 是一种在交易所上市交易的开放式证券投资基金产品，交易手续与股票完全相同。ETF 管理的资产是一篮子股票组合，这一组合中的股票种类与某一特定指数，如上证 50 指数，包含的成份股票相同，每只股票的数量与该指数的成份股构成比例一致，ETF 交易价格取决于它拥有的一篮子股票的价值，即"单位基金资产净值"。ETF 的投资组合通常完全复制标的指数，其净值表现与盯住的特定指数高度一致。

（2）QFII 和 QDII

QFII 是指合格的境外机构投资者。QFII 制度是指境外专业投资机构到境内投资时应该通过的资格认定制度。

在 QFII 制度下，任何打算投资我国国内资本市场的投资者必须通过 QFII 机构进行证券买卖，这样政府就能够从容地进行外汇监管和宏观调控，减少资本流动尤其是国际游资对国内经济和证券市场的冲击。

QDII 是与 QFII 相对应的概念，指的是合格的境内投资者。当国内的投资机构希望投资海外资本市场时，需要得到 QDII 资格。拥有 QDII 资格的机构可以实现代客境外理财业务，国内投资者将自己的人民币直接交给 QDII 机构，就可以实现境外投资。

QDII 与 QFII 的关系如图 1-3 所示。

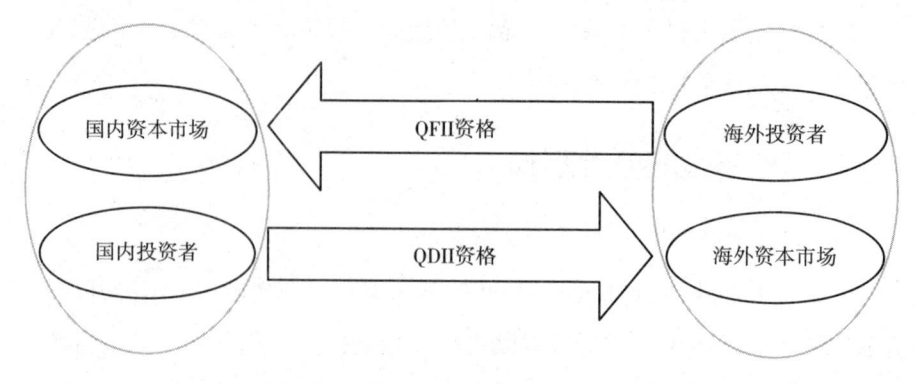

图1-3　QFII和QDII

目前国内获得 QDII 资格的有商业银行、保险公司和基金公司这 3 类机构投资者，因此根据主题的不同，可以将 QDII 分为保险系 QDII、银行系 QDII 及基金系 QDII，如表 1-4 所示。

表1-4　3类QDII投资机构

保险系 QDII	负责运作保险公司在海外的自有资产，一般不对个人投资者开放
银行系 QDII	风险收益适中，但认购门槛较高，一般为 5 万～30 万元人民币
基金系 QDII	投资不受限制，可以拿 100% 的资金投资境外股票，因此其风险和收益都比银行系 QDII 高得多。相应认购门槛也远低于银行系 QDII，1000 元人民币即可认购

与国内资本市场的投资相比，通过 QDII 进行海外投资要面临更多额外风险。其中最主要的是汇率风险。如果在投资者持有 QDII 期间汇率发生剧烈波动，那么投资者的收益率也会发生相应的变化。

第三节　基金投资常用术语

1. 交易术语

（1）基金单位

基金单位是基金交易最基本的单位。在基金初次发行时，基金总额会被划分为若干等额的整数份，每一份就是一个基金单位。目前一个基金单位的发行价一般为1元。

（2）开放日

开放日是针对开放式基金而言的，指投资人可以办理申购、赎回、转换、过户等交易操作的时间。目前我国的开放式基金的开放日与证券交易所交易日相同，办理时间为上午9：00至下午15：00。

（3）认购

认购是指投资人在基金募集期内购买基金的行为。认购价格为基金的单位面值加上少量手续费。投资人办理认购等基金业务的时间为开放日，具体业务办理时间以销售机构公布的时间为准。

（4）申购

申购是指投资人在基金成立之后购买基金的行为。申购价格为当日收市后计算出的基金单位资产净值加上少量手续费。

（5）赎回

赎回是指投资者将已经持有的开放式基金单位出售给基金管理公司，收回资金的行为。赎回基金后，资金大概需要3～5个工作日才能进到投资者的账上。

（6）未知价原则

由于投资者需于当日 15 点前完成基金买卖交易，在交易时当日基金净值（买卖价格）尚无法确定，也就无法获知自己能够申购到的基金数量或赎回金额，只有根据收市后计算出来的基金单位净值才能准确知道。

（7）转换

转换是指投资者在持有一只开放式基金后，可将这只基金直接转换成同一基金公司旗下的其他开放式基金品种，而不需要先赎回已持有的基金份额，再申购目标基金。

（8）认购期

在新基金公告发行后会有一段时间的认购期，这段时间投资者可以认购基金。基金的认购期大多为 1 个月左右。

（9）封闭期

认购结束后会进入封闭期，在封闭期内基金不允许进行交易。开放式基金的基金经理会在封闭期内根据投资计划完成建仓。货币市场基金的封闭期一般为 10 天左右，股票型基金的封闭期一般为 1～3 个月不等。

封闭式基金在认购期结束后会一直处于封闭期，直到合约期满。

（10）申购/赎回期

对于开放式基金，封闭期结束后就进入申购/赎回期，这段时间会一直持续到基金合约期满。

（11）场内交易/场外交易

场内交易指通过证券交易所进行的基金买卖活动，一般适用于封闭式基金。

场外交易指通过证券交易所以外的证券交易市场进行的基金买卖活动，一般适用于开放式基金。LOF、ETF 比较特殊，两者虽属于开放式基金，但既可以进行场内交易，又可以进行场外交易。

2. 价格术语

（1）基金净值

基金净值指每个基金单位所代表的价值。将基金拥有的所有资产，包括股票、债券、银行存款和其他有价证券等加总起来，除以基金单位的总数量，所得出的数值就是每单位基金的净值。开放式基金的单位总数每天都在变化，所投资的证券价值也会每天波动，因此基金公司在每个交易日结束后都会统计基金单位总数，更新基金净值。

（2）累计净值

累计净值指基金成立以来为每个基金单位创造的总价值。因为在基金分红时会将一部分盈利分配给投资者，这时基金净值会相应减少，但累计净值并不会因为分红而减少。因此累计净值与当前基金净值的差，就等于一只基金在历史上所有分红总和。在判断一只基金的盈利能力时，累计净值比当前净值具有更强的参考作用。

（3）基金净值增长率

基金净值增长率指的是基金在某一段时期内资产净值的增长率，投资者可以利用这个指标来评估基金在某一段时期内的业绩表现。

（4）累计净值增长率

累计净值增长率指的是基金目前净值相对于基金成立时净值的增长率，投资者可以利用这个指标来评估基金成立至今的业绩表现。

（5）封闭式基金价格

封闭式基金的价格和股票价格类似，可以分为发行价格和交易价格。封闭式基金的发行价格由两部分组成：一部分是基金面值，另一部分是基金发行费用。封闭式基金在发行期结束后会上市交易。基金在上市后的交易价格与股票价格的形成类似，由市场买卖双方通过竞价机制确定。

（6）开放式基金价格

开放式基金的价格由基金净值决定，可以分为认购价格、申购价格和赎回价格。认购价格是投资者在认购期内买入基金的价格；申购价格是投资者在申购/赎回期内买入基金的价格；赎回价格是投资者在申购/赎回期内卖出基金的价格。在基金认购、申购或者赎回基金时，交易价格由当日基金净值扣除一定的费用后决定。

（7）现金分红

现金分红是让投资者直接获得红利现金的一种基金分红方式，通过基金分红获得的收益可以免交所得税。

（8）红利再投资

红利再投资是除现金分红外的另一种基金分红方式，指投资者将所分得的现金红利直接购买同一只基金，但这种购买并不收取基金申购费。

3. 费用术语

（1）基金管理费、基金托管费

基金管理费：是指投资者支付给基金管理人的管理报酬，其数额一般按照基金净资产值的一定比例从基金资产中提取。

基金托管费：是指基金托管人为基金提供服务而向基金或基金公司收取的费用。此费用也是从基金资产中支付，不须另向投资者收取。我国的基金托管费年费率为 0.25%。

基金管理费和基金托管费会每天在基金资产中扣除，并不直接向投资者收取。基金管理公司每天向投资者报出的基金净值都是已经扣除这些费用后的净值。

（2）认购费、申购费、赎回费、转换费

认购费：是指投资者在基金发行期内购买基金需要缴纳的手续费。

申购费：是指投资者在基金申购/赎回期内申购基金需要缴纳的手续费。

赎回费：是指投资者在基金申购/赎回期内赎回基金需要缴纳的手续费。

转换费：指投资者在同一基金公司所管理的不同基金之间转换的费用。

表1-5中列出了基金交易主要费用及其费率。这里的数据仅供参考，具体数据投资者可以参考基金公司的相关规定。

表1-5 基金交易主要费用及其费率

费用	费率	费用	费率
基金管理费	认股权证基金约为1.5%～2.5% 股票基金约为1%～1.5% 债券基金约为0.5%～1.5% 货币市场约为0.25%～1% 目前，我国基金大部分按照1.5%的比例计提基金管理费 债券型基金一般低于1% 货币市场基金为0.33%	申购费	不超过申购金额的5%
基金托管费	封闭式基金为0.25% 开放式基金根据基金合同的规定比例计提，通常低于0.25% 股票型基金的托管费率要高于债券型基金及货币市场基金的托管费率	赎回费	不超过赎回金额的3%
认购费	根据合同规定，一般1%左右	转换费	不超过申购费率

（3）前端收费、后端收费

前端、后端收费是针对基金的申购（认购）费而言的。

前端收费：是指投资者在申购（认购）基金时就缴纳申购（认购）费用。通常这部分费用的收费标准按照购买金额的大小递减。

后端收费：是指投资者在申购（认购）基金时不缴纳申购（认购）费用，等基金赎回时一起缴纳。这样收取的费用会按照基金持有时间的长短递减。如果投资者持有基金超过一定年限，还可以免交相关费用。

📖 扩展阅读

巧买基金好省钱

一是认购基金比申购基金划算。同一只基金在发行时认购和出封闭期之后申购，我们知道其费率是不一样的，其中认购费率一般为1%左右，申购费率则在1%～1.5%。

二是网购基金可享受手续费折扣。现在各家银行都推出了网上基金业务，且银行对网上基金交易都有一定的优惠政策，如网上认购、申购开放式基金可以享受手续费折扣等。

三是基金红利再投资不要申购费。为了鼓励投资者继续购买基金，基金公司对红利再投资不收取申购费，因此投资者用红利买基金不但能节省申购费用，还可以发挥复利效应，提高投资收益。

四是巧用基金转换业务。目前一些规模大、实力强的基金公司都推出了开放式基金相互转换业务，而且转换费用给予优惠，方便基民在市场震荡时期将高风险的股票型基金转换成低风险的债券型或货币型基金。

五是最好选择"后端收费"模式。对于基金投资，如果基民选择长期稳定的投资方式可以采用"后端收费"模式，这种模式特点是持有时间越长、费率越低，有利于复利增值。

4. 合同术语

（1）基金合同

基金合同是作为契约型投资基金设立和运作的首要文件，也是法定披露的文件。其内容包括投资基金从设立、运作、到终止全过程中当事人的行为、权利和义务。

（2）合同生效日

基金合同生效日也就是基金成立之日。在基金募集期结束后，如果基金符合相关规定，证监会将以书面形式确认该基金成立。证监会发文之日就是基金成立日。基金成立需要符合的条件主要包括3点：

① 基金募集的基金份额总额超过核准的最低募集份额总额；

② 基金份额持有人的人数符合相关法律法规和基金合同规定；

③ 基金管理人按《基金法》向中国证监会办理备案手续。

（3）基金管理人

基金管理人受投资者的委托，按照科学的投资组合原理进行投资决策，为投资者提供专家理财服务。目前国内的基金管理人多数是基金管理公司。

（4）基金托管人

为了防止基金资产被基金管理人任意用作其他用途，保障基金投资者的利益，基金资产必须由基金托管人来保管。在我国，基金托管人只能由获得托管资格的商业银行担任。

（5）基金注册登记机构

基金注册登记机构负责投资者账户的管理和服务、基金单位的注册登记以及红利发放等具体的投资服务。目前多数基金都会以基金管理公司自身为注册登记机构，少数基金也会在中国证券登记结算公司注册登记。

（6）基金代销机构

基金代销机构是接受基金管理公司委托，代理开放式基金认购、申购和赎回业务的机构。基金代销机构可以是商业银行或证券公司。

（7）投资决策委员会

投资决策委员会是基金公司内部进行基金重大投资决策的机构。投资决策委员会拥有对所管理基金的各项投资事务的最高决策权，负责决定公司所管理基金的投资计划、投资策略、投资原则、投资目标、资产分配及投资组合的总体计划。在我国，投资决策委员会由基金管理公司自行建立。

第二章
新基民申购基金全解

论其有余不足，则知贵贱。

——司马迁《史记·货殖列传》

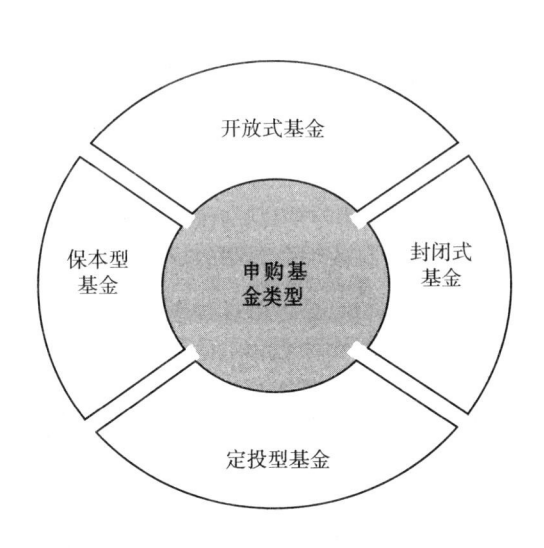

```
         开放式基金
   保本型        封闭式
   基金   申购基  基金
         金类型
         定投型基金
```

第一节 买卖开放式基金的渠道

1. 基金销售的3种渠道

在购买开放式基金之前,新基民首先应该选择适合自己的交易渠道。目前,开放式基金的销售渠道主要有4种:基金公司直销、银行代销和证券公司代销、包括保险公司在内的其他第三方销售渠道,如表2-1所示。

表2-1 开放式基金销售的4种渠道

开放式基金销售渠道		特点
基金公司直销	投资者向基金公司直接购买该公司发行的基金产品	申购、转换费率低,赎回资金到账快
银行代销	投资者在银行购买该银行代销的基金产品	采取"就近原则",方便各地投资者交易。投资者可以通过这些基金代销机构的网点进行交易和查询
证券公司代销	投资者在证券公司购买该证券公司代销的基金产品	
第三方渠道	投资者在包括保险公司在内的第三方销售渠道购买该渠道代销的基金产品	

开放式基金销售的每种渠道都有各自的优点与不足,具体特征如下。

(1)方便便宜的基金公司

投资者在基金公司可以直接购买该公司旗下基金。由于基金公司网点很少,对于不方便现场交易的基民可以直接在基金公司网站上交易。

基民通过基金公司的网站交易最大的好处是费率优惠。购买基金公司直销的基金,最低申购费可以打4折,基民可以通过这种方式增加自己的利润空间。另外，基金公司的网站还可以实现每周 7 天、每天 24 小时的不间断交易，基民可以随时下单、撤单、查询以及进行基金转换和定期定额申购。这种交易方式非常适合上班族们在工作时间之外进行投资理财。

图 2-1 以华夏基金管理公司的网站为例，介绍了在基金公司网站买卖基金的步骤。

图2-1　基民在基金公司网站买卖基金的步骤

在基金公司网站上交易的劣势也非常明显。在一家基金公司的网站，基民只能交易该公司的产品。如果要购买多家基金公司产品，基民必须在多家基金公司办理注册、开户等相关手续，管理起来十分复杂。另外，基民在网上交易还需要有相应的电脑设备和上网条件，具备一定的网络安全知识和运用能力。

（2）品种众多的证券公司

基民如果有股票账户，可直接利用自己的证券交易账户和资金账户进行基金交易。如果没有账户，又想通过该方式进行基金投资，则可以携带身份证选择一家证券营业部开户。

证券公司相当于一个"基金超市"。基民在证券公司可以购买的基金品种众多。尤其是银河、华夏、国泰等大型证券公司几乎代销国内所有的基金产品。另外，基民还可以通过自己的证券账户购买到封闭式基金、LOF、ETF等场内交易的基金品种，真正实现所有基金资产的一站式管理。

基民可以利用证券公司的网上交易或电话交易委托平台进行委托操作，通过一个账户实现对多种投资产品的管理，并辅助以证券公司的专业化分析报告来提高整体收益率。因此，这种投资渠道比较适合没有过多精力管理基金资产的投资者。

（3）存取方便的银行代销

目前，各大银行都会代理发行多种基金产品，它们依托广泛的客源和众多的网点优势，成为基金交易的重要渠道。

银行交易的最大优势是网点众多，存取方便。国内四大商业银行的网络优势是其他任何金融机构都无法比拟的。基民可以方便地前往银行网点，与银行客户经理面对面交流，在工作人员的指导下填写表格，完成买卖交易。

另外，基民还可以通过网上银行办理相应的基金买卖业务。一般情况下，通过网上银行购买基金，基民可以享受6～8折的手续费优惠。

与另外两种交易方式相比，基民在银行购买基金也存在一些弊端。与基金公司交易相比，银行买卖无法享受到更高的优惠费率；与证券公司相比，银行网点代销的证券比较品种有限，有时为了购买不同基金公司的产品，基民需要在不同的银行开设不同的账户。因此这种交易方式比较适合买入基金后准备长期持有、追求稳定投资收益的投资者。

无论通过什么渠道，基民都应该注意在合法的场所购买合法的基金公司的产品。对于基金管理公司、代销机构以及基金产品的名单，基民可以到中国证监会网站或中国证券投资基金业协会网站查询。

（4）第三方销售

2011年10月1日，我国《证券投资基金销售管理办法》开始实施，该办法为基金第三方销售拍照申请开闸。迄今为止，包括保险公司在内的第三方销售渠道在基金销售中已经占有一席之地。

在国外，第三方销售机构是基金的第一大销售渠道。在美国，第三方销售所占的比重达70%，英国超过55%，其中既有走平价路线的"基金超市"，也有提供高附加值服务的理财顾问公司。未来我国的基金第三方销售将向着基金品种丰富、手续费低廉、理财服务专业的方向发展。

2. 新基民办理的3个账户

在选择好适合自己的渠道后，基民可以前往相应网点办理开户手续。选择不同渠道交易的基民，需要办理的开户手续也不相同。

选择在基金公司网站上直接交易的基民，需要开通指定银行的网上银行业务，然后登陆所买基金的基金公司网站，选择"网上开户"注册开户。只要完成网上开户后，基民就可以登陆"网上交易"进行基金交易了。

选择在银行网点或证券公司等代销网点交易的基民，需要前往相应网点开通证券交易功能。在开户的时候基民要设立三个账户，分别是基金资金账户、注册登记机构账户和基金交易账户。

基金资金账户是基民的存折或者银行卡。在办理有关基金申购、赎回、红利分配等事项时，基民可以将资金存放在基金资金账户中。

注册登记机构账户也就是基金账户，又称为TA账户。基金公司会为每个基民建立一个TA账户，用来记录该基民买卖自己公司旗下的基金种类、数量变化情况。当基民第一次购买某个基金公司的基金时，基金公司会自动为开立TA账户。每个基民在一家基金公司只能开立一个TA账户。

基金交易账户简称交易账户，是代销机构为基民设立的用于基金交易的账户。基民通过银行代销网点或者证券公司买卖开放式基金时，必须先开立基金交易账户。该账户用于记载基民的基金交易活动和持有基金份额。每个投资者在一个代销机构只能开立一个基金交易账户。

有些基民容易将TA账户和交易账户弄混，其实两者是不同的。基民可以将TA账户理解为交易成功后在基金公司的备案，将交易账户理解为把基金寄存在代销机构的账户，二者关系如表2-2所示。

表2-2　TA账户和交易账户

名称	开立机构	对应关系
TA账户	基金公司	一个投资者在一家基金管理公司只能有一个TA账户，但是可以有多个交易账户。投资者可以用两个不同代销机构的交易账户购买同一基金公司的基金。这些基金会记录在不同交易账户对应的同一个TA账户上
交易账户	代销机构	一个投资者在一家代销机构只能有一个交易账户，但是可以有多个TA账户。投资者可以利用一个交易账户交易多个基金公司的基金，这些基金会记录在不同TA账户对应的同一个交易账户上

第二节　买卖封闭式基金的渠道

封闭式的基金与上市公司的股票类似，需要在证券交易所竞价交易。因此，买卖封闭式基金的方法也和买卖股票相似，需要在证券营业部开户。

1. 封闭式基金的申购方法

封闭式基金可以和股票在同一个账户上交易。基民可以携带证件直接去证券营业部开户。在证券营业部需要开设两个账户，分别是资金账户和基金账户。

资金账户是在交易时存放资金的账户。在开始买卖封闭式基金之前，基民必须在证券公司指定的银行存入现金。这样，在证券营业部开立资金账户后，就可以直接将银行存款转入资金账户，用于各种证券交易。

基金账户是在交易时存放基金的账户。如果基民已经有了股票账户，就不需要再另外开立基金账户了，原有的股票账户可以进行封闭式基金的买卖。但是如果基民只开立了基金账户，并不能用来购买股票。

封闭式基金的买卖记录会登记在证券登记结算系统中开设基金账户上，并不需要基金公司进行登记。因此封闭式基金并不像开放式基金一样需要 TA 账户。

完成开户后，基民就可以自由买卖封闭式基金了。

2.封闭式基金的交易特点

封闭式基金只能在证券交易所上市交易，交易价格由二级市场上的买卖双方共同决定。封闭式基金的交易具有以下几个显著的特点。

第一，开盘价由集合竞价的方式确定。

第二，实行 T+1 交易方式，当天买入的基金到第二天才能卖出。

第三，实行指定交易制度。投资者开户的证券营业部为其买卖封闭式基金的唯一交易点。如果投资者想要到其他营业部交易，需要办理转托管手续。

第四，除上市首日外，封闭式基金每天的涨跌幅限制均为 10%。

第五，封闭式基金的最小交易单位为 100 基金单位。如果因为分红等原因出现不足 100 单位的零散基金时，也可以将这些零散基金卖出，但必须是一次性卖出。

第六，在提交封闭式基金的买卖委托时，委托价格应以 1 基金单位为计价单位，申报价格的最小单位为 0.001 元。

第七，在交易封闭式基金时，需要向券商支付交易佣金。根据规定，佣金标准由券商和投资者协商确定，不得高于成交金额的3‰。当佣金金额不足5元时按5元收取。

第八，与股票交易不同，封闭式基金交易时不必支付证券交易印花税。

基金管理公司会根据基金资产的投资状况定期公告每单位基金的基金净值。基金净值是二级市场上投资者之间交易的重要参考指标，通过基金净值的变动可以判断基金的盈利能力。由于封闭式基金在到期之前不能赎回，未来基金的走势存在不确定性，因此有的时候基金在二级市场上的交易价格要略低于基金净值，也就是出现折价交易的情况；当行情看好时，基金交易价格也可能会高于基金净值，也就是出现的溢价交易的情况。

第三节　定投型基金的买卖要点

基金定投是一种申购基金的方法。定投指的是两个方面：定期和定额。基金定投是指投资者在每个月的固定时间以固定的金额投资一只开放式基金的方式，在投资形式上类似于银行存款中零存整取的方式。

在投资者向基金销售机构提交基金定投业务申请时，需要确定每月的申购时间、申购金额和申购基金名称。每个月的固定时间，基金销售机构就会从投资者指定的资金账户里自动扣除指定金额，用这些钱按照当时价格申购指定基金，并自动把申购到的基金存入指定基金账户。

1. 定投型基金的显著特点

对于投资者来说，定投型基金有以下4个明显的特点，非常适合家庭理财。

(1) 起点极低，积少成多

目前有部分定投型基金的起点已经低至100元，也就是每月最低100元。只要愿意，每个家庭都可以轻松实现基金定投。通过定投基金，基民可以强制自己每月把小钱积攒起来，以应对未来大额资金的需求，逐渐养成自己的理财习惯。

(2) 平均成本，降低风险

定投型基金是定额投资。也就是每月投资的资金数额是一定的，但是可购买的基金份数会随基金净值的波动而变化。通过这种方式，投资者可以在基金价格较高时少量买入，在基金价格较低时大量买入，平均投资成本，降低风险。

(3) 自动划拨，方便快捷

投资者只要与代销机构签订协议，并且能够保证资金账户中有足够资金，代销机构就会定期从投资者指定的资金账户里自动完成扣款，并把申购的基金存入投资者的基金账户，并不需要投资者每月去办理申购手续。

(4) 复利效果，长期回报

基金定投采用复利累积，本金所产生的收益加入本金继续衍生收益，定投时间越长，复利的效果越明显。因此，只要长期趋势向上，不必因为短期波动而终止定投。相反，短期的向下波动是摊薄成本的好机会。

2. 定投型基金的适用人群

定投型基金是一种长期性投资方式，投资者需要坚持投资几年甚至更长的时间才能发挥出基金定投"长期投资，平均成本"的优势。因此，当投资者存在远期的资金需求时，可以选择这种投资方式。一般来说，适合以定投方式投资的投资者有以下3类，如表2-3所示。

表2-3 适合基金定投的人群

风险承受能力低的工薪族	平时工作较忙,有一定闲置资金,可以通过风险较小的定投基金进行理财
具有特定理财目标的人群	可以通过积少成多的方式筹备子女的教育经费和父母的养老经费等远期支出
刚进入社会的年轻人	可以通过每月强制性投资,逐渐培养自己的理财习惯

投资者应该注意的是,定投型基金只是匀摊成本,并不一定能将成本摊薄。当基金净值不断下跌时,投资者持有基金的平均成本会不断下降;但如果基金净值不断上涨,持有基金的平均成本也会不断升高,如图2-2所示。

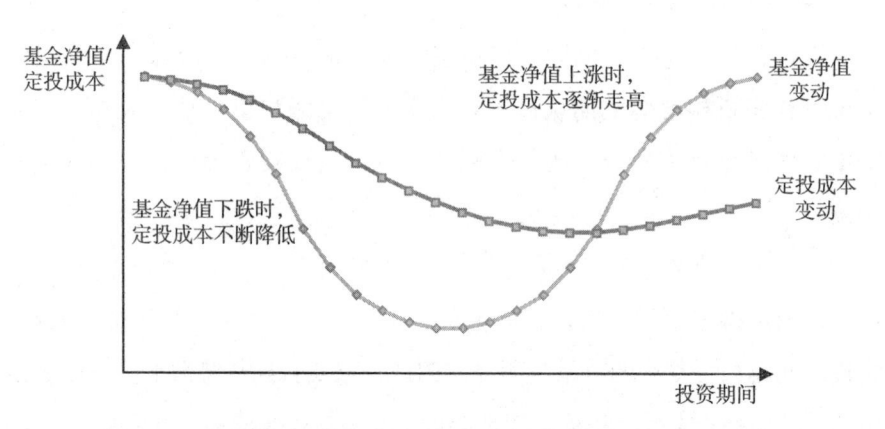

图2-2 基金定投对投资成本的摊匀效应

在基金定投扣款的时候,如果指定账户里没有足够的资金,将会造成基金定投业务计划无法继续实施,这时系统将记录投资人违约,如果违约次数达到基金公司的限制,系统将自动终止投资人的基金定投业务。

3. 买卖定投型基金的技巧

基民在投资定投型基金时,需要注意以下5个技巧,如表2-4所示。

表2-4 基金定投技巧

量力而行	基民投资定投基金一定要考虑好自己每月的收支状况，计算出自己的闲置资金量，避免因为后续资金不足被强制赎回
看清大势	基民应该选择有升值趋势的证券品种做定投。在购买股票型的定投基金时，基民最好选择在大盘行情触底时选择进入
选择品种	基民要根据自己预计的投资期选择基金品种。如果能持续投资十年以上的时间，基民可以选择波动幅度较大的投资品种，这样能够体现出定投基金"均摊成品"的优势
持之以恒	基民购买定投基金一定要坚持长期投资，最少要坚持投资3年以上，这样定投型基金"长期投资，均摊成本"的特点才能体现出来
灵活退出	基民在坚持长期投资的同时，也要视行情而定。如果一只基金长期上涨，已经积累了大量风险时，基民应该灵活运用解约或者基金转换的方式做出调整

有些基金公司在宣传中总是把定投基金说成"老幼皆宜，是零存整取的替代产品"。其实，这种说法有一定的误导性。

基金定投和银行的零存整取业务之间只是缴款方式类似，在理财类型和投资风险上都有很大差异。零存整取是将资金都存在银行的储蓄方式，没有任何风险，储户可以按时领取本息。基金定投是购买基金的一种方式，定期缴纳的资金会用来购买基金产品，其投资风险与基金收益密切相关。受基金净值变化的影响，基金定投有可能得到比银行存款更多的投资收益，也可能收益不如银行存款，甚至会出现折本的情况。

因此，如果投资者要是想保证资金安全，最好办理零存整取业务，或是选择风险很小的定投型基金，如货币市场基金、债券型基金等。

另外，收入不稳定的基民也应该谨慎选择基金定投。基金定投要求基民每月投入定额的资金，万一基民在规定的期间内不能拿出申购资金，就会被算作违约。一旦违约超过一定次数，基金会遭到强制赎回。

对于收入不稳定的基民，建议尽量以一次性购买或者多次购买的方式投资基金，这样就避免了定投基金被强制赎回的风险。

第四节　保本型基金的买卖要点

保本型基金是采用投资组合的方式，保证投资者在投资到期时，至少能够获得投资本金或一定回报的证券投资品种。

保本型基金虽然是开放式基金，可以随时赎回，但是在基金成立会有保本期的约定。保本期在我国一般是3年，在国外可能达到7年到12年。在没有到规定的保本期时，基民虽然可以提前赎回，但基金公司不保证本金安全，而且基民还必须支付较高的赎回费用。因此，保本型基金在自由赎回方面远远比不上其他基金品种，可以看成是一种"半封闭式基金"。投资者在购买保本型基金时，一定要特别注意赎回手续费的比例和相关的赎回条件。

1. 保本型基金的运作特点

基金管理公司在运作保本型基金时，会把大部分资产投资在具有固定收益的投资工具上，例如，定期存款、债券等，让到期时的本金加利息大致等于期初所投资的本金。在确定这部分资金能够保证本金安全后，基金管理公司会将另外一小部分资金投资股票、期货等收益波动较大的市场，赚取额外的利润。因此，投资者购买保本型基金后，既可以保证自己的本金安全，还可能有一定的超额收益。

在运作保本型基金时，基金公司首先要寻找一个没有风险的投资品种，比如一只年利率5%的国债。为了保证本金100%安全，基金公司可以用其中的大约86%购买这只国债，按复利计算，3年后这笔国债资产的价值正好为100%的本金。之后，基金公司可以用剩余14%的资金投资股票、期货等高风险品种，为投资者赚取额外利润。这部分资金的收益并不稳定，甚至会出现亏损，但即使这部分资金血本无归也不会影响到100%本金的保值。如图2-3所示。

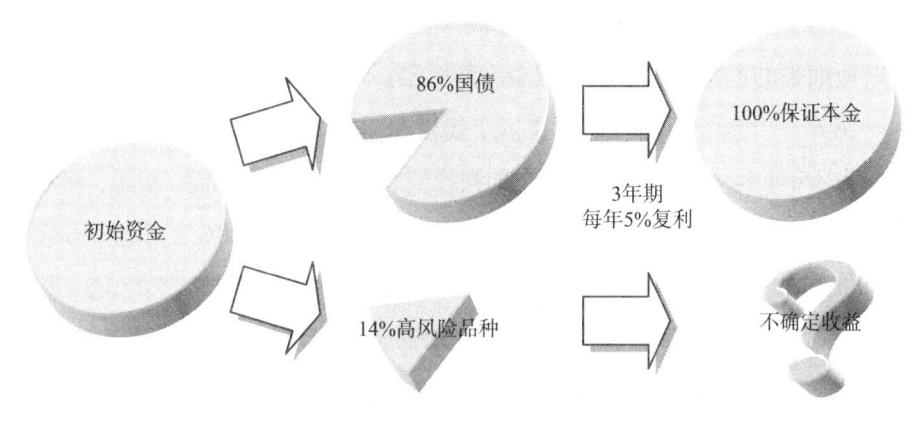

图2-3　保本型基金运作

根据上面的例子，我们可以发现保本型基金有这样3个特点。

（1）保证本金

保本型基金的核心就是在投资者持有的基金到期时可以获得一定固定比例的本金回报保证，这个比例可能为100%或者是102%，但不可能太高。在保本基金中，还有一种只保本90%甚至是80%的低比例保本基金。

（2）半封闭式

保本型基金都会规定一个保本期，基民只有持有到期才能得到保本承诺；在没有到达保本期时赎回不但不能保证本金安全，还要支付较高的赎回费用。这种半封闭模式注定这种投资方式只适合有大量闲置资金的长期投资者。

（3）增值潜力

保本基金的基金经理在保证投资者本金安全的同时，还会将一部分资金用于投资股票、期货以及各种金融衍生品，分享证券价格涨跌的收益，因此比银行存款或者投资国债更有增值潜力。

2. 保本型基金的核心特点

保本型基金的核心特点就是能够以一个固定的比例保证投资者的本金安全，这个固定的比例就是保本比率。根据保本比率的不同，投资者在投资时所面临的风险和收益情况也会有所差别。

例如，当基金管理公司运作一个规模为 10 亿、保本比率为 100%、保本期为 3 年的保本型基金时，会在期初投资某些固定收益产品。例如，投资一种票面利率为 10% 的三年期国债。基金公司为了保证 100% 的本金安全会将 10 亿中的 9 亿（约 9 亿，实际应为 10 亿 × 100% ÷（1+10%）≈ 9.09 亿）用于购买这种国债，三年后可以获得 10 亿资金。剩余的 1 亿资金会用来购买股票、期货等收益波动较大的证券品种，赚取额外的利润。

在相同的条件下，如果投资者希望获得 105% 的本金保障，基金公司需要以 9.5 亿（约 9.5 亿，实际应为 10 亿 × 105% ÷（1+10%）≈ 9.55 亿）资金购买国债，只有 0.5 亿资金购买其他证券品种。

另外，假设投资者仅希望获得 90% 的本金保障时，基金公司仅需要用 8.2 亿（约 8.2 亿，实际应为 10 亿 × 90% ÷（1+10%）≈ 8.18 亿）资金购买国债，可以用 1.8 亿投资其他证券品种。

3 种不同保本比例形成不同的操作策略如表 2-5 所示。

表2-5　不同保本比例形成不同的操作策略

保本比例	投资国债比例	投资高风险产品比例
100% 保本	90%	10%
105% 保本	95%	5%
90% 保本	82%	18%

从表中可以看出，保本比率越高，基金投资高风险证券品种的资金也就越少，投资的风险也就越低，而投资的预期收益率也就越低。投资者在购买保本型基金时，应该结合自己的风险承受能力决定保本比例，理性选

择自己的投资品种。

3. 买卖保本型基金的要点

保本型基金使用投资组合的方式规避风险，基金经理只是将小部分资金用于高风险证券品种的投资。基金在运作期间如果遇到投资者大量赎回的行为，会严重影响现金流的稳定性，为盈利增加难度。因此，保本基金成立以后设定了"保本期"，采取"半封闭"的模式，尽量减少投资者的赎回行为。投资者在此期间无论是申购基金，还是赎回基金，都必须以净值交易，不能享受保本承诺，同时还要支付较高的申购、赎回费用。

因此，建议基民在投资保本型基金的时候应该尽量持有到保本期结束后再卖出。只有这样，基民才能保证自己的本金安全。

另外，基民应该注意，保本型基金即使能够保证本金安全也不代表就没有风险。如果在投资期内只是保住了100%本金的话，基民至少已经损失了同期的存款利息收入。因此基民在申购保本基金时，要注意挑选基金管理人。可靠的基金管理公司和基金经理，可以使基金业绩稳定增长，为基民带来更多收益。

第三章

新基民选基金四步曲

我并不试图跨越七英尺高的栏杆，我在到处找我能跨过的一英尺高的栏杆。

——沃伦·巴菲特

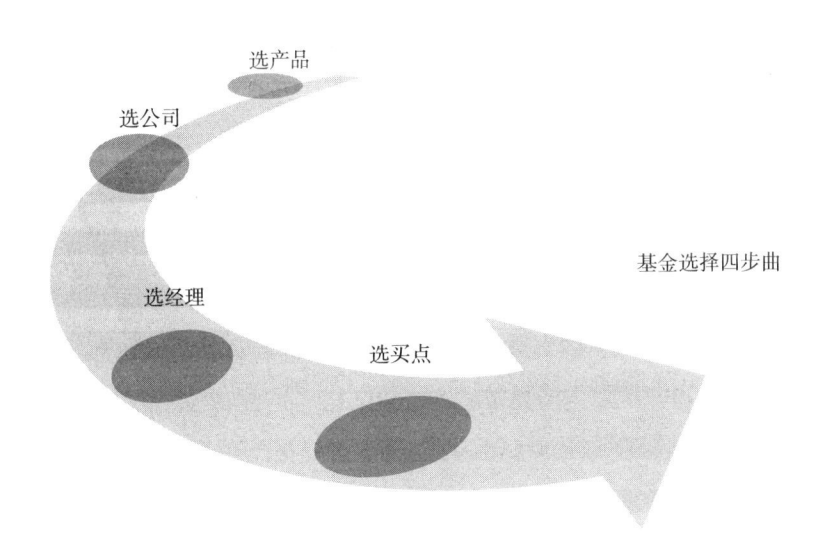

选产品

选公司

选经理

选买点

基金选择四步曲

面对各种基金宣传单和报纸上的各种基金介绍，新基民往往会感觉头昏脑涨、无从下手。即使有晨星、理柏等评级机构的分析报告，有些基民还是选择不了自己应该购买哪家基金公司旗下的哪只基金。这时，新基民可以按照基金产品、基金公司、基金经理和买入时机4个步骤依次分析，选择一只适合自己的基金品种。

第一节　选基金先要选产品

基民选择基金的第一步是选择基金产品。基金应该记住一点：不管是封闭式基金，还是开放式基金；是股票型基金，还是债券型基金，都没有绝对的优劣之分，只有适合自己的才是最好的。

1. 基金收益与基金风险

进行任何一种投资，风险和收益都是并存的。以最简单的彩票为例，它可以说是当前国内回报率最高，但也是风险最大的投资品种。投资者购买彩票可以得到的收益是中奖后的奖金，而风险就是没中奖时花掉的每注2块钱。再复杂一点，炒过股的人都知道：炒股可以获得的收益包括上市公司的分红送股以及股价上涨的差价收入，而需要面对的风险则是股价下跌以及上市公司股票退市的风险。

购买基金也需要面对类似的风险和收益。基民在选择基金产品之前，首先应该弄清楚购买基金都能获得哪些收益，又需要面对哪些风险。

（1）收益来源

①利息收入。基金的利息收入主要来源于银行存款和基金所投资的债券带来的利息收入。

②股利收入。基金的股利收入是指基金在持有股票时,来自上市公司的红利分配收入。股利有两种形式,一种是现金股利,另一种是股票股利。现金股利是以现金的形式发放的,股票股利是按照一定的比例送给股东股票作为红利。

③资本利得收入。基金的资本利得收入也就是差价收入,是指基金利用证券价格的波动,通过低价买入、高价卖出的手段获得的价差。在股票型基金中,这是最重要的收入来源。

(2) 投资风险

①本金安全风险。在基金市场上,除了保本型基金外,其他类别的基金都不能承诺本金安全。投资者的基金资产随时会面临减值风险。

②收益率风险。基金公司一般不会承诺收益率。基民投资时的风险和收益是相对应的,基金产品的预期收益率越高,投资所面临的风险也会越大。例如,货币市场基金是所有基金中风险最小的,但这种基金的预期收益率也相对较低;而预期收益率较高的股票型基金,其风险也相对较高,基金净值的波动幅度很大。

③变现风险。不同种类的基金,变现能力也不同。价格波动不大、收益率稳定的基金(如货币市场基金)的变现能力较强;而价格波动较大的基金(如股票型基金)的变现能力较弱。如果在基民急于变现的时候,股票型基金的价格正处于低谷,这时候变现势必会损失惨重。因此,基民应该根据自己的风险承受能力和预计的投资期来选择合适的投资产品。

基金是一个比较特殊的投资渠道。基民应该根据自己的投资目标进行选择,在追求高收益的同时也必须考虑到投资失败后的巨大损失。假如有个人哪天对你说"有一种投资产品能保证20%甚至更多的年收益率,并且绝对保证本金安全",请千万不要相信,因为至少在目前国内合法的证券投资渠道中,还不存在这种投资产品。

(3) 风险收益选择

在选择基金产品时,最重要的一点是基民应该综合考虑自己对基金收益的需求，和自己对基金风险的承受能力两个方面，根据自身条件做出选择。

打个通俗一点的比方：所有农民都希望自己的庄稼有个好收成。但由于每块土地的肥沃程度不同、旱涝程度不同，到最后选择种粮还是种菜、种瓜还是种豆，要因地而异。在戈壁滩上种不了水稻，也没有人会在养花的苗圃里种马铃薯。

买基金也是同样的道理，基民选择什么样的基金品种应该视自身情况来定。这时就需要考虑3个方面。

①基民应该根据自己的风险承受能力，决定自己要购买股票型基金、指数型基金、债券型基金还是货币市场基金。如果基民想在短时间内实现最大化增值，可以购买风险比较大的股票型基金；如果是子女的教育经费，基民最好选择风险小的债券型基金或是货币市场基金。

②基民应该根据自己偏爱的交易方式选择基金品种。如果基民偏爱在银行网点交易，应该选择开放式基金；如果基民要在炒股的同时兼顾基金，希望二者存放在同一个账户上，可以选择封闭式基金、LOF或者ETF。

③基民应该根据自己的资金流量选择一种投资方式。如果收入比较稳定，基民可以选择定投型投资方式；如果是拥有雄厚资金量的大户投资者，可以考虑购买ETF基金套利交易。

📖 扩展阅读

投资者的风险承受能力测试

每个人对风险的承受能力都不相同，基民在选择投资品种时一定要考虑自己的风险承受能力。下边是一套比较有效的风险承受能力测试题，基民可以测算一下自己的风险承受能力。

第1题：您在描述自己的投资目标时，更倾向于哪一种？

A.我的投资目标是得到最高的长期回报，即使我不得不忍受一些非常巨大的短期损失。

B.我的投资目标是得到一个很稳定的资产增值，即使这意味着比较低的总回报。

C.我希望在长期回报最大化和波动最小化之间寻求平衡。

第2题：当您购买股票或者基金的时候，认为下列因素是否重要？请分别做出回答。其中能够决定自己投资方向的因素应选择A非常重要，自己在投资时会参考的因素应选择B有些重要，从来没有考虑过甚至根本不知道的因素应选择C不重要。

下列因素是否重要	A.非常重要	B.有些重要	C.不重要
①资产在短期的升值潜力			
②资产在长期的升值潜力			
③发行股票的公司被其他公司收购的可能性			
④过去六个月盈余或亏损的情况			
⑤过去五年的盈余或亏损的情况			
⑥朋友或者同事的推荐			
⑦股价或净值下跌的危险性			
⑧分红的可能性			

第3题：假设您有5000元本金，会投资下面三个项目吗？请对每一个项目都选择"是"或"否"，可以全选也可以不选。

①有70%的可能性，您的资产翻一倍到10000元。而有30%的可能性把5000元都输光。（是／否）

②有80%的可能性，您的资产翻一倍到10000元。而有20%的可能性把5000元都输光。（是／否）

③有60%的可能性，您的资产翻一倍到10000元。而有40%的可能性把5000元都输光。（是／否）

第4题：如果必须在下面两只股票型基金中选择一只进行投资，您会选哪一只？假设每只基金都将资金平均投资6只不同种类的股票，下表显示了这12只股票在过去12个月中的收益情况。

基金A		基金B	
投资股票	12个月收益	投资股票	12个月收益
股票A	15%	股票G	7%
股票B	-8%	股票H	6%
股票C	25%	股票I	5%
股票D	12%	股票J	4%
股票E	8%	股票K	6%
股票F	-8%	股票L	2%

第5题：如果您的10000元基金投资已经亏损了2000元，并且您无法判断基金以后的走势，怎么办？

A. 果断割肉，卖掉基金。

B. 继续持有，会有50%的机会反弹到10000元，有50%的机会再损失2000元。

C. 不知道。

第6题：假设您在一只基金上投资了10000元，但一个星期就亏损20%，您却不知道是什么原因，而且大盘也没有跌这么多，怎么办？

A. 补仓。

B. 清仓，然后投入到一只现在亏损小的基金中。

C. 卖掉一半。

D. 等着价格反弹，能够回本时再卖掉。

E. 什么都不做，觉得基金下跌是很正常的现象。

第7题：下表中显示两只基金在过去两年中每季度的收益情况，您会倾向于选择哪一只？

基金A	8%	-3%	13%	4%	-12%	13%	-5%	9%
基金B	4%	7%	0	3%	3%	1%	3%	3%

第8题：作为一位投资者，您认为自己的投资经验在整个市场上处于什么样的水平？

A. 非常有经验。

B. 比平均水平高。

C. 平均水平。

D. 比平均水平低。

E. 基本没有经验。

不同选择的评分

题号		评分标准	得分
第1题		A. 15分, B. 0分, C. 7分	
第2题	①	A. 0分, B. 1分, C. 2分	
	②~⑤	A. 2分, B. 1分, C. 0分	
	⑥~⑧	A. 0分, B. 1分, C. 2分	
第3题	①~③	是 5分, 否 0分	
第4题		A. 10分, B. 0分	
第5题		A. 0分, B. 10分, C. 10分	
第6题		A. 15分, B. 0分, C. 5分, D. 0分, E. 10分	
第7题		A. 10分, B. 0分	
第8题		A. 20分, B. 15分, C. 10分, D. 5分, E. 0分	
分数合计			

不同得分的评价

0~11分	完全不能承担风险,可以考虑货币市场基金或者银行存款
12~33分	风险承受能力较低,可以考虑低风险的债券型基金
34~55分	风险承受能力一般,可以考虑高风险债券型基金
56~77分	风险承受能力较强,可以考虑股票债券平衡型基金
78~99分	风险承受能力很强,可以考虑风险较高的偏股股票型基金。如果得分在78~85分,也可以选择大盘指数型基金
100	您不用考虑投资了,直接去赌博吧

2. 选开放式基金还是封闭式基金

封闭式基金和开放式基金的区别如表3-1所示。

表3-1 封闭式基金和开放式基金区别

封闭式基金	开放式基金
基金发行总份数事先确定；发行后基金规模固定	基金发行总份数不固定；发行后基金规模会随着投资者的申购和赎回而变动
在基金到期之前不能申购也不能赎回，但是基金可以在二级市场上竞价交易	投资者可以随时申购或赎回
通过二级市场竞价决定，与净值相比会出现折价或溢价的情况	按照每天的基金净值提供报价，以报价交易

（1）开放式基金：自由申购，净值成交

基民可以通过不同渠道自由申购、赎回开放式基金，交易价格由每天的基金净值决定。在开放式基金运作过程中分为认购期、封闭期和申购/赎回期，如图3-1所示。

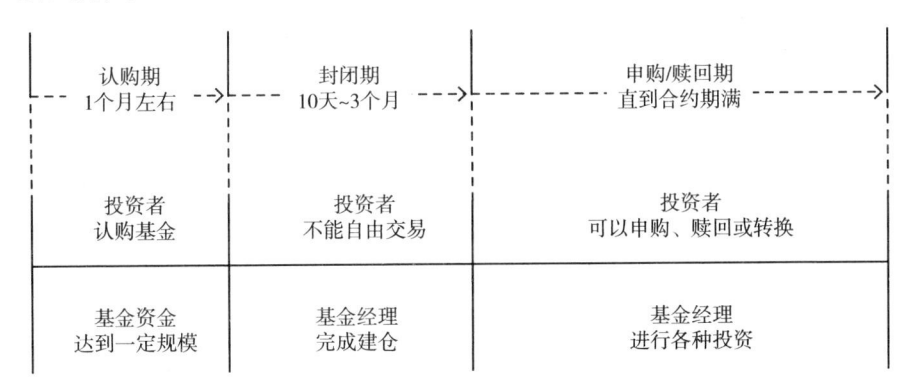

认购期 1个月左右	封闭期 10天~3个月	申购/赎回期 直到合约期满
投资者 认购基金	投资者 不能自由交易	投资者 可以申购、赎回或转换
基金资金 达到一定规模	基金经理 完成建仓	基金经理 进行各种投资

图3-1 签订基金契约各方之间的关系

①开放式基金收入、费用。与所有基金产品一样，开放式基金在运作过程中所能得到的收入主要包括货币市场投资、债券投资的利息收入以及股票市场的投资收入。其中在股票市场的投资收入占最大比重。

基金公司在运作基金的过程中会产生各种费用，其中包括：基金经理的劳务费、托管银行的管理费、代销机构的代销费等。羊毛出在羊身上，这些费用最终要由购买基金的投资者来承担。

虽然这么多机构都在收取各种名目的费用，但基民在实际缴纳时只会看到两大部分费用：基金买卖的手续费和基金运营费。其中基金买卖的手续费在投资者买卖基金时直接支付或者从赎回款中扣除，而基金运营费则是从基金资产中直接扣除，如表3-2所示。

表3-2 买卖基金的相关费用

费用名称	费用明细	支付方式
买卖手续费	申购手续费	买入基金时支付或从赎回款中扣除
	认购手续费	
	赎回手续费	
	转换手续费	
基金运营费	基金管理人管理费	从基金资产中直接扣除，每天公布的基金净值已经扣除了这部分费用支出
	基金托管人托管费	
	基金合同生效后信息披露费	
	基金运作过程中的会计费和律师费	
	基金份额持有人大会筹备费	
	销售机构中介费	
	按照国家规定可以在基金资产中列支的其他费用	
	在基金运作过程中涉及的相关税费	

②购买开放式基金赚钱。基民购买开放式基金可获得两种收益，一种是基金的分红收益，另一种是在基金净值增长后赎回，获得买卖的差价收益，如表3-3所示。

表3-3 开放式基金的两种收益形式

分红收益	基金管理公司会在满足条件的情况下进行收益分配，这样投资者就可以获得基金的分红
价差收益	开放式基金所投资的证券升值或者获得股息红利等收益时，基金净值会相应增长。相反，基金所投资的对象贬值时，基金净值也会相应地减少。投资者可以在基金价格波动的过程中以低买高卖的方式获得价差收益。 ◇价差收益＝卖出基金份额所获得的收入－买入基金时的成本－赎回费用

③开放式基金分红。基金获得收益后，会定期将部分收益分配给投资者，也就是给投资者分红。这里说的收益是指净收益，是基金收入中扣除各项费用后的余额。权益登记日在基金管理公司登记在册的所有该基金的持有人都可以参与基金分红。

根据相关规定，基金公司在分配收益时主要有以下3点要求：

第一，基金收益分配应当采用现金形式，每年至少一次，且分配比例不得低于基金净收益的90%；

第二，基金当年收益应先弥补上一年亏损后，才可进行当年的收益分配；

第三，基金投资当年亏损，则不应进行收益分配。

在开放式基金分红时，基民可以从现金分红和红利再投资两种不同的分红方式中自行选择其一。如果基民选择现金分红方式，红利将于分红日从基金托管机构管理的账户中划入投资者的资金账户。

如果基民暂时不需要现金，而是想直接投资时，可以选择红利再投资方式。在这种情况下，分红的资金会直接转成等值的基金份额并计入投资者的对应账户。在选择红利再投资方式时，一般的基金公司都会免收申购费用。如果基民没有指定分红方式，就表示自己默许基金公司以现金形式分红。基民如果想选择红利再投资的分红方式，就要在分红的权益登记日之前去购买基金的机构修改分红方式。

在基金分红之后，基金净值会减少，相对应的基金买卖价格也会降低。因此，分红只是将投资者的基金资产变成了现金资产，投资者的实际资产并没有发生变化。

（2）封闭式基金：竞价成交，折价交易

封闭式基金与股票类似，采取竞价方式交易，所以基金的成交价格与基金净值相比可能会出现折价或者溢价的情况。

①封闭式基金业绩、分红。封闭式基金虽然不直接以净值交易，但基金在二级市场上的交易价格是以净值为基础的。基金净值又与基金业绩密切相关。因此，基金的业绩表现是投资者选择封闭式基金时首要标准。对于封闭式基金业绩的评价方法与其他基金品种类似，主要应该看基金的历史业绩，过去的操作记录等。基民为了考察基金业绩应该参照的几个指标包括：基金净值、累计净值和基金的历史分红记录等。

封闭式基金基金净值、累计净值的概念与开放式基金相同。基金净值代表单位基金当前代表的资产金额；累计净值代表基金自发行以来为每个基金单位创造的总价值，是当前基金净值与历史分红总额的和。

基金净值和累计净值两个指标可以帮助投资者分析基金的盈利能力。较高的基金净值代表更多的单位基金资产，基金价值更高。而成立时间相同的两只基金，如果一只基金的累计净值较高就代表这只基金历史上获得了更多的收益，这种收益能力很可能会持续到以后的基金运作过程中。

除基金净值和累计净值外，基金分红也是反映基金盈利能力的重要指标。同时一只基金进行大比例分红说明了该基金运作良好、资金充裕、具有长期增值能力。对于不能自由赎回的封闭式基金来讲，基金变现有很重要的价值。因此，在每次基金业绩报告公布之前，那些具备大比例分红潜力、良好分红历史的基金会受到热烈追捧，从而造成它的交易价格上涨。

②封闭式基金折价率。在选择封闭式基金时还有一个重要的指标是折价率。折价率是基金交易价格与基金净值之间的折价比率，计算公式为：

折价率=（单位基金净值-单位基金市价）÷单位基金净值

封闭式基金的折价率与在超市买东西时打折的概念相似,但是在计算方法上有一定区别。在超市买东西时打2折,表示1元的东西卖0.2元;如果封闭式基金折价率为20%,则表示基金净值与交易价格差20%,也就是净值为1元的基金交易价格是0.8元。

对封闭式基金来说,市价低于基金净值,存在一定的折价率属于正常情况。但在大牛市中,偶尔也有个别强势基金会出现基金净值1元、市价2元的溢价状态,这时折价率就变为溢价率。

封闭式基金"打折出售"的根本原因是基金不能马上变现。投资者要想赎回基金,获得基金所代表的资产,必须等到基金到期,而在基金到期前的这一段时间存在着净值下跌的风险。这时基金持有者要想把基金卖给别人,就需要为别人承担这段时间的风险做出补偿,所以要以一定的折价比例出售。

不同封闭式基金的折价比例是不同的。对于投资者普遍看好的基金,往往以很小的折价比率就可以找到下家,在行情走好时甚至能溢价出售。而对于一些很多人都不看好的基金,只能以"跳楼价"卖出,这时,折价比率就较高。因此,折价比率可以反映出投资者对一只基金的认可程度。

市场上所有封闭式基金的平均折价率可以反映整个基金市场的投资热度。当平均折价率降低时,表示大量投资者涌入基金市场,这时想卖出基金的投资者不愁找不到下家,纷纷提高销售价格;相反,所有基金的平均折价率上升时,则表示市场上买入的意愿不强,想卖出基金的投资者迟迟找不到人接盘,只能大幅折价出售。

折价率是由投资者对基金的认可程度决定的,这种认可程度会受到基金管理水平、市场行情、基金到期日、分红潜力等因素的影响。

基金管理水平:基金管理水平高、规模大的基金具有更强的持续盈利能力,购入这种基金的风险小,折价率也比较低。相对来说,一些小型基金公司发行的小盘基金或者盈利状况长期萎靡的基金,其折价率普遍偏高。

市场行情：在大牛市中基金的盈利增加，市场人气聚集，因此会有大量投资者买入基金，推动市场交易价格上涨，基金的折价幅度会因此降低。

基金到期日：随着基金到期日临近，净值出现大幅波动的可能会越来越小，这时市场上的交易价格会逐渐接近基金净值，折价率也会相应地减小。

分红潜力：封闭式基金分红意味着有一部分资金可以提前变现，这会使基金的交易价格上升。而基金净值由基金业绩决定，基金业绩不会因为分红而增加。所以当封闭式基金出现大比例分红的可能时，交易价格会逐渐向基金净值靠拢，折价率会变小。

特殊事件：当一只基金出现"封闭转开放""基金提前清算""基金要约收购""基金单位回购"等特殊事件时，会使基金的交易价格向基金净值靠拢，折价率也会相应减小。

折价率只是反映投资者对基金的认可程度，并不能笼统地说这个比率越大越好还是越小越好。同样净值2元的基金，交易价格为1元，还是1.8元肯定有各自的道理。如果从长期投资的角度去考虑，卖1.8元的基金表示投资者普遍看好这只基金的发展前景，认为其更有投资价值；而从短期炒作的角度考虑，交易价格为1元的基金炒作空间更大，更具上涨潜力。

根据上面的分析，投资者在投资封闭式基金时，可以将基金业绩和基金折价率作为长期投资的参考指标，而将基金的分红预期作为短线操作的参考指标。

3. 股票型基金、债券型基金、货币型基金

基金是把投资者的资金汇集起来进行各种证券产品的投资，这些证券产品的投资盈利是基金收益的根本来源。例如，货币市场基金把钱存在银行，基金的收益就来源于存款利息；债券型基金投资国债，基金的收益就来源于国债利息；股票型基金把资金投入股市，基金收益也就来源于股票

分红和股票差价收入。

基民在选择基金时应该明确自己的投资目的,之后再选择合适的品种。如果一只基金将绝大部分资金拿去购买国债,那么投资该基金的基民想获得10%的年收益率几乎是不可能的;而如果基金的投资重点在股市上,预期收益率可能有20%甚至更多,但也有可能亏损20%甚至更多。

根据证监会相关法规的规定,按照基金资产在不同证券产品中的投资比例,可以将基金分为股票型基金、债券型基金、货币市场基金、混合型基金和其他基金。如图3-2所示。

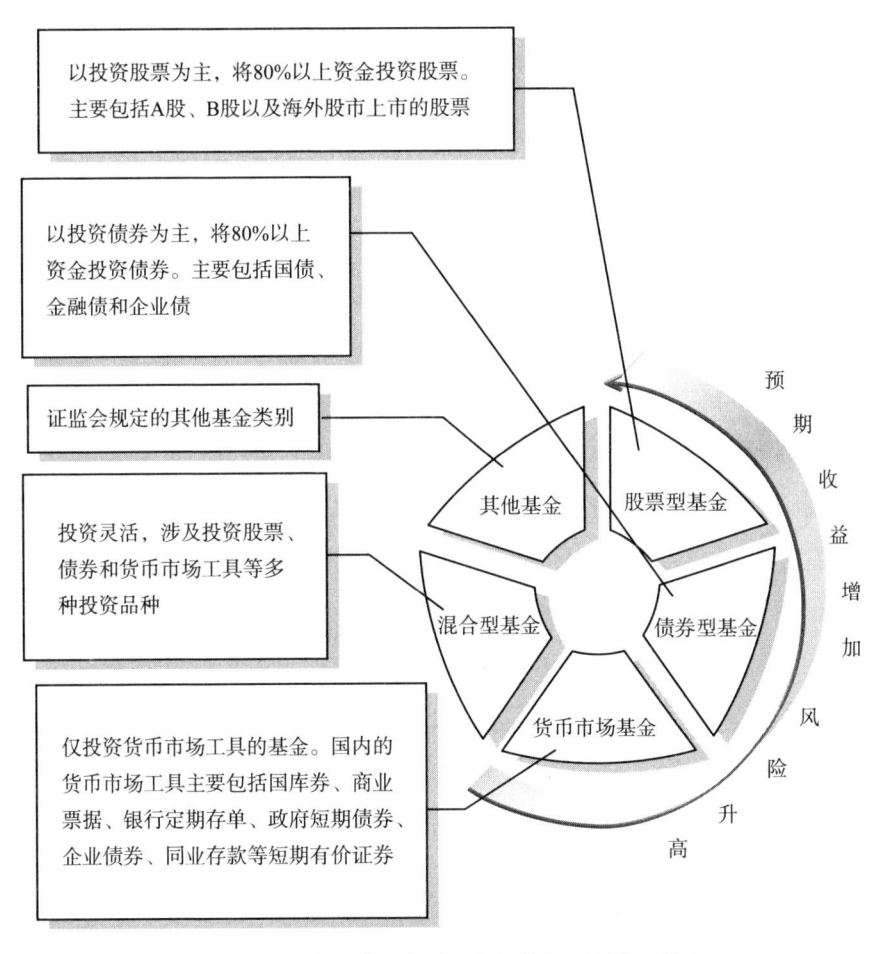

以投资股票为主,将80%以上资金投资股票。主要包括A股、B股以及海外股市上市的股票

以投资债券为主,将80%以上资金投资债券。主要包括国债、金融债和企业债

证监会规定的其他基金类别

投资灵活,涉及投资股票、债券和货币市场工具等多种投资品种

仅投资货币市场工具的基金。国内的货币市场工具主要包括国库券、商业票据、银行定期存单、政府短期债券、企业债券、同业存款等短期有价证券

图3-2 不同基金产品拥有不同的投资风险和收益率

另外，在实际操作过程中，又可以按照基金在不同证券产品中的投资比例将基金细分为8个小类，如表3-4所示。

表3-4 基金的八个二级分类

名称	投资比例	举例
股票型基金	以股票投资为主，80%以上的基金资产投资股票的基金	新华优选成长股票型基金：该基金的股票投资比例占基金资产的80%～95%；其他金融工具的投资比例占基金资产的5%～40%
指数型基金	以某种指数的成份股为主要投资对象的基金	易方达沪深300指数型基金：该基金股票资产占基金资产的比例为90%～95%，其中投资沪深300指数成份股及备选成份股的资产不低于股票资产的90%；现金或者到期日在一年以内的政府债券不低于基金资产净值的5%
偏股型基金	以股票投资为主，股票投资配置比例的中值大于债券资产的配置比例的中值，二者之间的差距一般在10%以上。差异在5%～10%者辅之以业绩比较基准等情况决定归属	兴业趋势混合型基金：该基金固定收益类证券的投资比重为0～65%，股票的投资比重为30%～95%，现金或者到期日在一年以内的政府债券不低于5%
股债平衡型基金	股票资产与债券资产的配置比例可视市场情况灵活配置，股票投资配置比例的中值与债券资产的配置比例的中值之间的差异一般不超过5%	广发稳健增长型基金：该基金股票资产占基金资产总值的比例为30%～65%，债券资产占基金资产总值的比例为20%～65%，现金或者到期日在一年以内的政府债券投资比例合计不低于5%
偏债型基金	以债券投资为主，债券投资配置比例的中值大于股票资产的配置比例的中值，二者之间的差距一般在10%以上。差异在5%～10%之间者辅之以业绩比较基准等情况决定归属	博时策略配置混合型基金：该基金投资组合中股票投资比例为基金资产的30%～80%，债券投资比例为基金资产的20%～70%，现金或者到期日在一年以内的政府债券投资比例合计不低于基金资产净值的5%
债券型基金	包括两类基金。一种是不进行股票投资的纯债券基金，另一种是只进行新股认购，但不进行积极股票投资的基金	银河收益债券型基金：该基金债券投资的比例为基金资产净值的50%～95%，股票投资的比例为基金资产净值的0～30%，现金的比例为基金资产净值的5%～20%

续表

名称	投资比例	举例
保本型基金	保证投资者在投资到期时至少能够获得全部或部分投资本金，或承诺一定比例回报的基金	南方恒元保本混合型基金：该基金在严格控制风险的前提下，为投资者提供认购保本金额、申购保本金额的保证，并在此基础上力争基金资产的稳定增值
货币市场基金	主要以货币市场工具为投资对象的基金	中信现金优势货币型基金：该基金投资具有良好流动性的货币市场工具

（1）股票型基金：风险较大，收益可观

①基金特点。股票型基金也就是将大部分资金都投资股票市场上的基金。与其他投资品种或者投资者自己炒股相比，股票型基金有明显的特点，如表3-5所示。

表3-5　股票型基金的特点

对比对象	特点
与其他基金品种相比	投资品种多样：目前沪深两市有4000多只A股和超过100只B股，与债券产品和货币市场工具相比，股票型基金在投资时可以选择的范围更广，基金经理有更大的发挥空间
	流动性强：股票投资变现快，在交易时间内随时可以卖出。基金管理公司可以随时卖出一部分股票来应对投资者的赎回
与投资者自己炒股相比	风险分散：一般基民的个人资本和精力都十分有限，难以通过分散投资降低风险，通过股票型基金的方式间接投资股市，可以将风险分散于各类股票上，大大降低了投资风险
	专业性强：股票投资基金由专业的基金经理进行管理，基金经理无论是投资理念还是投资经验都要强于一般投资者，可以帮助投资者获得更多的投资收益

股票型基金是一种高风险、高收益的投资产品。基民在购买股票型基金时需要注意几点。

首先，基民在投资时要注意辨别基金的投资取向。即使同为股票型投资基金，不同的基金品种的投资偏好也不相同。有的基金偏重于投资大盘蓝筹股等风险较低、收益稳定的股票，而有的基金就喜欢投资投资未来成长速度快、高风险的小盘股。根据投资重点不同，可以把股票型基金细分为成长型、价值型和平衡型三类，如表3-6所示。

表3-6 股票型基金的细分分类

名称	收益风险	投资方式	适合对象
成长型基金	高风险、高收益，价格波动较大	成长型基金在选择股票时更加看重公司未来的发展前景，因而会更多选择重成长潜力的上市公司，如网络科技、生物制药和新能源材料等行业上市公司	激进型投资者
价值型基金	低风险、低收益，价格比较稳定	价值型基金十分看重上市公司的内在价值，重点参考市盈率和市净率等指标，多投资公用事业、金融、工业原材料等稳定行业或者垄断行业股票	保守型投资者
平衡型基金	风险收益状况介于成长型基金和收入型基金之间	平衡型基金一部分投资价值型上市公司，另一部分投资成长型上市公司，对价值型和成长型两种基金的优劣进行均衡	普通投资者

②基金选择。基民在投资时应该注意选择适合自己的风险、收益偏好的股票型基金。如果比较看重资金的安全性，可以选择价值型基金；如果想冒险博得超高收益，可以选择成长型基金。当然无论是价值型、成长型还是平衡型基金的风险收益率只是相对而言的。资金只要投入股市，就不可能稳赢不亏。基民如果不想冒险投资，可以考虑货币市场基金、债券型基金或者保本型基金。

基民在选择股票型基金时最好把自己的资金分散开，购买几只不同类型的基金。例如：用一半的资金买入一些规模小、具备较强增长潜力和分红潜力、但是风险较高的股票型基金；用另一半资金购买紧跟大盘指数的指数型基金来增加投资的稳定性，减少投资风险。

就股票型基金而言，基民在选择的时候可以重点考虑这样两方面的因素：一是基金的投资风格，具体来说就是基金投资于哪些股票，有的是激进型的布局，有的是稳健型的布局，有的是周期型的布局，同为股票型基金，投资风格的不同使其风险也不一样；二是资金的投资方式，如果是准备做长期定投的资金，可以选择波动幅度稍大，而成长型较好的股票型基金，利用长期的定投摊低成本、抹平波动，最终收获其成长性。

（2）债券型基金：收益稳定，风险较小

如果投资者想购买国债，但又不想去银行排队，甚至排队也买不到国债的时候，那么投资债券型基金是个不错的选择。

债券基金是指将绝大部分资金投资债券的基金。这里的债券不仅包括国债，还包括利率较高、但小规模投资者难以涉足的金融债和企业债。债券型基金集中众多投资者的资金，对债券进行组合投资，可以得到比较稳定的收益。多数债券基金都按月向持有者支付收益，投资者也可以选择"红利再投资"方式将收益再次购买基金品种。

债券投资的最大好处是可以到期取回本金，并定期获得利息收入。债券型基金以债券为投资对象，因此收益稳定、风险较小。其主要优缺点有以下几条。

①债券型基金的优点。债券型基金具有以下两项优点。

第一，集中资金。一般投资者购买国债时要到银行排队购买，有时排队也买不到。而银行间的金融债、企业债、可转债等金融产品虽然利率较高，但对小额资金有种种限制，一般的投资者根本无法进入这个市场。债券型基金可以将很多投资者的资金集合起来，形成很大规模。这样就可以进入金融债、企业债、可转债等高门槛、高利率债券市场。

第二，收益稳定。债券型基金主要投资债券品种，基金的收益十分稳定，不会像股票型基金一样出现大幅波动行情。

②债券型基金的缺点。债券型基金在具备上述两项优点的同时，也有如下几项缺点。

第一，收益较低。但债券型基金的收益要受制于债券的利率，因此相对于股票型基金而言预期收益较低，而且当债券市场利率出现波动的时候甚至有亏损的风险。目前纯债券型基金的年收益率多数在3%左右，只是略高于1年期国债利率。

第二，长期投资。债券型基金的预期收益低于股票型基金，但基金的申购、赎回费率却与股票型基金相近。基民如果持有基金时间太短，可能会白白损失申购、赎回的手续费。基民只有坚持长期投资才能获得比较满意的收益。

③基金选择。选择债券型基金首先要注意判断宏观经济环境，由于债券收益率与市场利率之间存在着负相关关系，因此，基民可以在预期宏观经济将进入降息周期时"潜伏"于债券型基金。其次，要注意区分债券型基金中的不同类别，例如纯债基金、强债基金、可投资于二级股票市场的基金等，如果股票市场正处于震荡行情之中，基民想要在相对稳定的收益率与波段性的股市高收益间兼顾，可以选择参与打新股的普通债权型基金。

（3）货币市场基金：类似储蓄，比储蓄更优

货币市场基金是一种类似银行存款的基金品种。货币市场基金主要投资短期债券、国债回购及同业存款等，可以给中小投资者带来绝对安全的增值收益，同时又拥有与一般开放式基金一样的流动性，几乎与银行的活期储蓄一样便利。因此，投资者往往将货币市场基金当作银行储蓄存款的替代物，称之为准储蓄。

①基金特点。货币市场基金没有投资风险，交易费率很低，收益却要高于银行活期存款。与其他基金品种或银行存款相比，货币型投资基金具有4大特点。

第一，安全性高。货币市场基金主要以短期债券、国债回购及同业存款等无风险品种为投资对象。没有投资风险，可以绝对保证本金安全。

第二，流动性强。投资者赎回货币市场基金的过程与其他基金品种类

似，一般发出赎回申请后3个工作日左右资金就会到账。货币市场基金的流动性虽然不如活期存款，但要强于银行的7天通知存款。

第三，收益稳定。货币市场基金的投资对象是各种货币市场工具，主要包括投资短期债券、国债回购和同业存款等。因此，货币市场基金的投资收益十分稳定。

第四，投资成本低。投资者在申购和赎回货币市场基金时不需要缴纳手续费，只需要缴纳少量的基金管理费。货币市场基金每年的管理费率大约为基金资产净值的0.25%~1%，低于传统基金1%~2.5%的年管理费率。

②基金收益。与其他的基金不同，货币市场基金的净值一直维持在1元。在基金分红日，基金净值中超过1元的部分会自动以红利再投资方式转为基民持有基金份额的增加。基民拥有多少基金单位就是拥有多少基金资产。

例如，某只基金的总资产由10亿增值到12亿，增值20%，假设基金总份额不变。如果这只基金是股票型基金或债券型基金，这20%的增值会反映为基金净值的增加。如果净值原来是1.5元，这时将变成1.8元。而货币市场基金不同，基金净值永远是1元。增值会体现为基金份额的增加。如果投资者原来持有2000单位基金，这时将变成2400单位，但每单位基金的净值还是1元。

因为货币市场基金的基金净值固定为1元，所以在衡量其投资收益时不能使用净值增长率、累计净值增长率等指标，取而代之的是"7日年化收益率"和"每万份基金单位收益"。

7日年化收益率是货币市场基金公布日之前的7个连续自然日每万份基金份额平均收益折算的年收益率。例如，某只货币市场基金的7日年化收益率为3%时，表示假设基金在1年中能一直按照过去7天的平均盈利水平运作，那么1年下来将有3%的收益。然而货币市场基金每天的收益情况都会随着基金经理的操作和货币市场利率的波动而不断变化，不可能出现基金收益持续一年不变的情况。因此，投资者只能将7日年化收益率当作一个短期指标来看，并不能用它衡量基金的长期收益能力。

每万份基金净收益是指每1万份基金份额在某一日或者某一时期所取得的基金净收益额。其计算方法为将每日每份额基金净收益乘以1万。例如，一只基金公布的每万份基金单位收益是0.3456，就代表每1万份基金在当天获得了0.3456元的收益。基金管理人会根据基金收益率，为基民计算其账户内每天所产生的净收益，并计入基民账户的累计收益中。而在每月分红时，基金管理人会将基民账户当前的累计收益结转为基金份额，计入基民的基金账户中。

目前国内货币市场基金的7日平均年化收益率在1%～2%，每万份基金单位收益在0.5左右。这个收益率虽然高于银行活期存款的利率水平，但是略低于银行1年定期存款的利率，可能达不到多数基民的心理预期。因此，基民最好将货币市场基金当作短期存款的替代品，如果要追求资本增值，最好不要考虑货币市场基金。

③基金适用投资者。一般来说，市场上有两类投资者应该重点关注货币市场基金。

一类是银行的活期存款客户、定期存款客户和国债投资者。这些投资者最主要的投资目标是追求本金安全，对收益没有太高要求。货币市场基金不仅能在保证本金安全的基础上获得不错的收益，还可以及时变现。基民办理赎回手续后3个工作日左右，就可以获得现金。

例如，某投资者每月需要还房贷2000元。为了能每月按时还款，他会在每年年初拿出24000元以备偿还贷款。这24000元需要在1年的12个月中每月取出2000元，因此不能存成定期或是去购买国债，更不能拿去炒股。这时，货币市场基金是这位投资者最好的选择。他可以在年初将24000元全部购买货币市场基金，并在每月房贷还款日前几天申请赎回2000元以备还贷。

另一类应该重点关注货币市场基金的是希望构建投资组合的基民。货币市场基金有着低风险、高流动性的特点。基民可以根据自己的投资目的把货币市场基金作为投资组合的一部分进行配置，达到优化组合、规避风险的目的。

例如，某基民手中持有10000元的股票型基金。当股票市场的波动幅度加剧时，为了规避风险，这位基民可以将一定比例的股票型基金转换为同一基金公司旗下的货币市场基金。当行情转好时，他可以再把货币市场基金全部转换为股票型基金。因为转换费用低于赎回和申购的费用，这位基民不仅规避了风险，同时节省了交易费用，另外还得到了货币市场基金的收益，可谓一举三得。

④基金选择。虽然货币市场基金的投资对象都是货币市场工具，但不同基金产品之间的收益率也会有很大的差别。以2009年7月初的数据为例，收益率最高的易方达货币基金A/B的7日年化收益率超过了6%，而收益率最低的几只货币型基金的七日年化收益率仅为0.3%左右。

为了获得更高收益率，基民在投资货币市场基金时应该注意选择强势的基金品种，可以从下边3个方面考虑。

一是，不要过分迷信近期收益指标。7日年化收益率和每万份基金单位收益两个指标只能表示基金在最近一段时间的表现，它们会受到利率变动、高息债券减持等因素的影响而发生变化。因此，投资者在选择货币市场基金时，不能过分迷信这两个指标。

二是，关注基金的历史收益情况。投资者可以根据基金的历史收益情况大致判断出该基金的基金管理人的投资能力，进而理性地做出选择。关注基金的历史收益情况不仅要看该基金的历史收益变化，还要看与其类似的基金以及管理人管理的其他基金的历史收益情况。

三是，重视基金盈利的稳定性。投资者在选择货币市场基金时，应该看重基金盈利的稳定性，而不是短期盈利的多少。如果一只基金在某段时间内的投资收益率变动较大，说明该基金的盈利水平并不稳定，那么投资该基金就会有较高的风险。

四是，注重基金的服务质量。由于货币市场基金更适合于打理短期难以确定用途的资金，因此，在选择时要更注重基金的服务质量，可以从以下几个方面考量：第一是有"T+0"快速赎回业务的基金，只要投资者提交货币型基金的赎回要求，资金会即时到账，增强了流动性；第二是便于转换的基金，即在同一家基金公司旗下的不同类型的基金间方便转换，以适应不同的市场趋势，提高收益率；第三是有增值服务的基金，很多基金公司为了吸引客户推出了例如自动赎回、定投等独具特色的服务功能，基民可以根据自己的需要进行选择。

（4）指数型基金：赚了指数就赚钱

①基金特点。很多投资股票型基金的基民都有过赚了指数不赚钱的经历。在一段时间内大盘指数有了很大涨幅，但自己持有的股票型基金净值却没怎么上涨，甚至出现亏损。最终基民只能眼看指数上涨，自己却赚不到钱。如果基民购买指数型基金，就不会有这种烦恼了。指数型基金是一种只要指数上涨就能赚钱的基金品种。

在操作指数型基金的过程中，基金管理公司会选择一个大盘指数作为标的指数，通过购买该指数的成份股来建立投资组合，目的就是使这个投资组合的变动趋势与标的指数一致。

嘉实基金公司旗下的嘉实300型指数基金就是一只典型的指数基金。该基金进行被动式指数化投资，力争控制基金的净值增长率与业绩衡量基准之间的日平均跟踪误差小于0.3%，以实现对沪深300指数的有效跟踪。投资者只要购买嘉实300型指数基金，就相当于按比例买到了整个沪深300指数的成份股及其备选股。

按照所投资股票选取方法的不同，指数型基金可以分为完全复制型指数基金和增强型指数基金两种，如图3-3所示。

指数型基金的投资方向也是股票市场，因此也属于股票型基金的一种。与其他股票型基金相比，指数型基金有 4 点明显的优势。

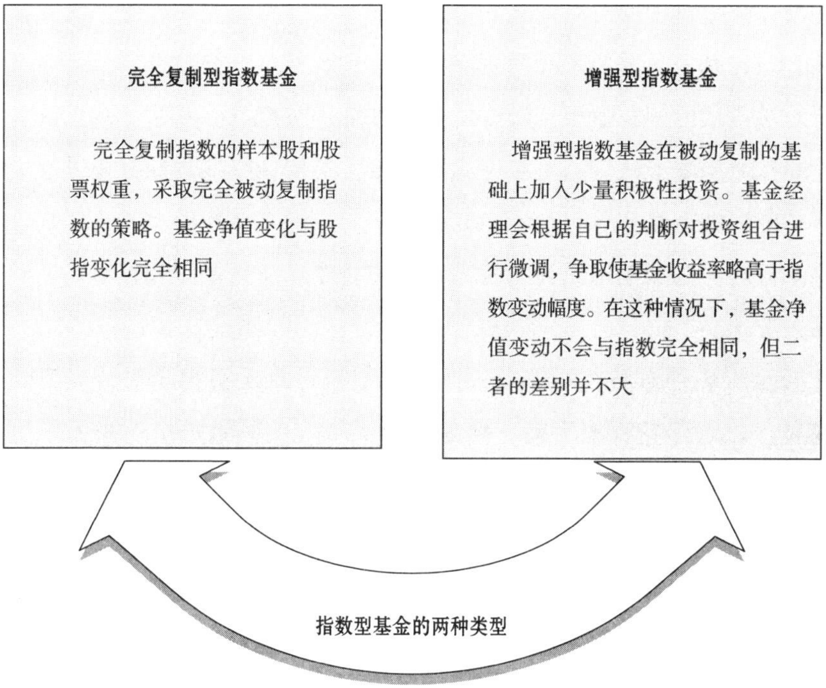

完全复制型指数基金

完全复制指数的样本股和股票权重，采取完全被动复制指数的策略。基金净值变化与股指变化完全相同

增强型指数基金

增强型指数基金在被动复制的基础上加入少量积极性投资。基金经理会根据自己的判断对投资组合进行微调，争取使基金收益率略高于指数变动幅度。在这种情况下，基金净值变动不会与指数完全相同，但二者的差别并不大

指数型基金的两种类型

图3-3 指数型基金的两种类型图

第一，分散风险。一般的股票型基金可能会投资几十只、最多一百只左右的股票，而指数型基金可以投资整个指数的成份股。例如，万家180指数型基金投资上证180指数中的180只成份股，而嘉实300指数型基金则同时投资沪深300指数的300只成份股。因此多数指数型基金投资的分散程度都要超过股票型基金。另外指数型基金是被动跟踪指数的投资比例，在操作时几乎不受人为因素影响，这样就可以避免一些基金管理人判断失误或者投资过于集中带来的风险。

第二，费用低廉。投资者在买卖股票型基金时所需承担的费用比较低。因为指数基金被动的跟踪指数，基金公司在买卖股票时不用经过复杂的调研过程，也不用经常调整投资组合。所以指数型基金的管理费和托管费均低于其他投资品种。

第三，省时省力。在投资股票型基金时，基民需要认真调研基金经理的能力、基金过去的分红情况等多方面的因素，费时费力。但是选择指数型基金时，基民只需要正确的判断大势，在看好某个指数之后就可以选择一个对该指数的跟踪效果比较好的指数基金进行投资。例如，基民认为沪深300指数未来上涨时，可以考虑买入嘉实沪深300指数型基金或者大成沪深300指数型基金等与沪深300指数相对应的基金品种。这几只基金的收益率都与沪深300指数大致相等，基民只要从交易费用和交易渠道两个方面去考虑。

第四，节省税款。与散户一样，基金公司每次买卖股票时也要缴纳印花税。虽然印花税率不高，但如果是大资金的频繁进出还是要产生相当多的费用。而指数型基金采取与指数同步的策略，基金经理不会轻易买卖股票。因此，基金缴纳的印花税和各种交易成本也低于其他股票型基金。

②基金选择。如果基民对大势的判断比较准确，指型数基金就是一个很好的投资选择。另外，在投资一些高风险的股票型基金时，可以搭配一定份额的指数型基金起到稳定作用。

指数型基金的收益来源于指数涨跌，但风险也来源于指数涨跌。因此，基民投资指数型基金的最终目标就是要在低点买入、高点卖出，或者低点买入后长期持有。无论哪种方式，投资重点都在于选择合适的市场时机，基民应该在准确判断市场大势的基础上进行投资。

至于具体选择哪只指数型基金，基民首先要根据自己的投资目标选择合适的指数，例如看好某个行业，可以投资于相应行业的指数型基金；其次要注意指数的拟合度，好的指数型基金，其基金净值与标的指数间的误差是很小的；最后就要看看基金的费率了，其他条件差不多的情况下，费率低的基金当然更划算。

扩展阅读

"股神"钟爱的基金

被誉为"股神"的巴菲特有个戒律,从不推荐任何股票和基金。只有一种基金例外,那就是指数基金。巴菲特曾多次公开向投资者推荐指数基金。

在某年的伯克希尔股东大会上,蒂姆·费里斯向巴菲特提了这样一个问题:"巴菲特先生,假设你只有30来岁,没有什么经济来源,只能靠一份全日制工作谋生,因此根本没有多少时间研究投资,但是你已经有一笔储蓄,那么你将会如何投资?请告诉我们具体投资的资产种类和配置比例。"巴菲特回答说:"我会把所有的钱都投资到一个低成本的跟踪标准普尔500指数的指数基金,然后继续努力工作。"

而在此之前,他就对指数基金青睐有加、赞不绝口。

通过定期投资指数基金,一个什么都不懂的业余投资者往往能够战胜大部分专业投资者。

——1993年巴菲特致股东的信

大部分投资者,包括机构投资者和个人投资者,早晚会发现,最好的投资股票方法是购买管理费很低的指数基金。

——1996年巴菲特致股东的信

那些收费非常低廉的指数基金(比如先锋基金公司旗下的指数基金)在产品设计上是非常适合投资者的。

——2003年巴菲特致股东的信

> 通过投资指数基金本来就可以轻松分享美国企业创造的优异业绩。但绝大多数投资者很少投资指数基金，结果他们的投资业绩大多只是平平而已甚至亏得惨不忍睹。
>
> ——2004年巴菲特致股东的信
>
> 个人投资者的最佳选择就是买入一只低成本的指数基金，并在一段时间里持续定期买入。如果你坚持长期持续定期买入指数基金，你可能不会买在最低点，但你同样也不会买在最高点。
>
> ——2007年5月7日巴菲特接受CNBC电视台的采访时说

4. 选LOF还是选ETF

（1）LOF：灵活套利交易

与所有开放式基金相同，在LOF发行结束后，投资者可以通过银行代销点、基金公司网站的多种渠道自由的申购、赎回。

与其他开放式基金所不同的是，LOF可以像封闭式基金一样在证券交易所上市交易。因此，投资者可以在证券交易所的竞价系统中买卖LOF。如果投资者希望跨越两个市场交易，需要办理转登记手续，还需要缴纳转登记手续费。

①基金特点。由于交易方式的特殊，使得LOF具有以下3大特点。

第一，交易费用低。投资者通过二级市场交易基金，可以减少交易费用。开放式基金在场外交易的费用包括申购费和赎回费。股票型基金在场外交易的申购费与赎回费之和一般要达到1.5%以上，债券型基金的这两项费用之和也要达到0.6%以上。而对于LOF基金通过二级市场交易，可以大幅减少这些费用。在二级市场交易的LOF基金只需交纳券商佣金，佣金标准实行最高0.3%向下浮动的制度。可以视交易量大小向下浮动，很多券商的佣金都在0.1%左右，一进一出的佣金之和也不会超过0.3%。

第二，交易速度快。目前开放式基金在场外交易采用未知价交易，今天（T+0）买入基金，明天（T+1）可以确认交易，最早在后天（T+2）才能赎回。赎回后的资金在第四天（T+3）才能从基金公司划出，之后还要经过托管银行、代销机构的划转，要在赎回后的第五个交易日（T+7）才能收到赎回款，这样一进一出最快也要8天时间。

如果投资者通过二级市场交易LOF基金，就可以大幅缩短交易周期。二级市场上采用"T+1"的交易制度，也就是买入的第二个交易日就能卖出。投资者发出的买入委托只要价格合适，几秒钟内就可以完成交易，基金直接到账。如果不想持有了，在买入基金的第二天（T+1）就可以卖出，在卖出同时所得资金会划入投资者的资金账户，就可直接用来再次交易，如果投资者要提取现金在第三天（T+2）就可以了。两种交易方式的差别如图3-4所示。

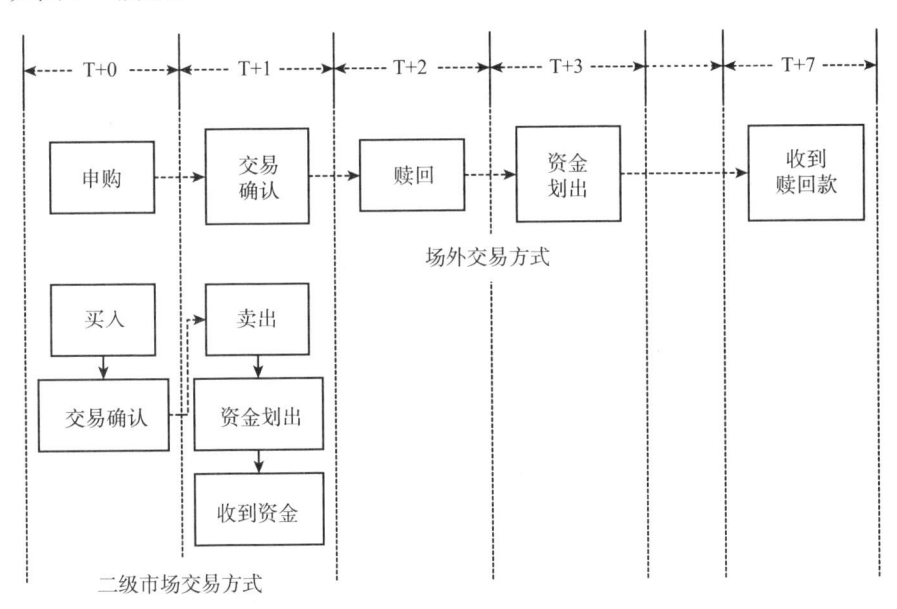

图3-4 场外交易方式和二级市场交易方式交易时间的区别

第三，有套利机会。LOF的场外交易和二级市场交易同时进行。由于基金净值是每日交易所收市后按基金资产当日的净值计算，场外的交易以当日的净值为准，采用未知价交易。二级市场交易以昨日基金净值作为参考，具体价格由供求关系决定。因此，LOF 的场外交易价格和二级市场价格并不相等，如果二者价格出现较大偏离，足够冲抵交易手续费，投资者就有了套利的机会。

但是基民需要注意，利用 LOF 套利的机会很少出现。二级市场价格总是不会偏离基金净值太多。因为一旦二级市场价格低于场外交易价格，大量投资者都会在同一时间买入二级市场的 LOF 并在场外卖出，这会造成二级市场价格上涨，直到与场外交易价格持平。当二级市场价格高于场外交易价格时，投资者又会在场外买入而在二级市场卖出，这又会导致二级市场价格下跌，直到两个价格再次趋同。

②份额登记机制。LOF 的运转机制的核心是份额登记机制。这种登记方式允许 LOF 既可以像开放式基金一样登记在注册机构的 TA 账户中，又可以像封闭式基金一样登记在交易所"证券登记结算系统"的证券账户中。因为只有这样，才能满足 LOF 所具备的同时可以进行场内交易和场外交易的方式。

例如，在 LOF 发行时，基金公司同时通过交易所和场外市场两个渠道发行。在交易所的一级发行市场，基民认购 LOF 的方法与认购新股类似。与新股不同的是，LOF 发行并不需要配号抽签，基民只要成功认购就能全部成交。基民在交易所认购的基金份额会托管在证券登记结算公司的系统中。如果基民在场外交易市场上认购 LOF，所认购的份额会托管在 TA 账户中。

托管在证券登记系统中的基金份额只能在证券交易所的二级市场进行竞价交易，不能直接进行场外交易；托管在 TA 账户中的基金份额只能进行赎回、转换等场外交易操作，不能直接在证券交易所集中交易。如果投资者要跨市场交易，需要办理转登记手续，将基金份额划转到另一个账户上。

> 📖 扩展阅读

> 一级市场、二级市场
>
> 　　一级市场和二级市场是针对股票交易来说的。在股市上，一级市场是指新股发行申购的市场，也就是上市公司将股票卖给投资者的市场。二级市场是股票的交易市场，也就是投资者之间买卖股票的市场。当股票在一级市场上完成发行后就会在二级市场进行买卖交易。
>
> 　　如果把这个概念引申到基金市场，投资者通过各种渠道与基金公司进行认购、申购、赎回、转换交易的市场都可以认为是一级市场。而不同投资者之间，通过证券交易所竞价交易的市场可以认为是二级市场。
>
> 　　目前国内二级市场的两大主体分别是上海和深圳的两家证券交易所。

③LOF基金的转托管。基民买入基金后需要把基金存放在一个托管机构，通过不同渠道买入的基金会被托管在不同的机构，并且记录在不同的账户上。基民通过一个渠道买入的基金无法直接在另一个渠道中卖出。例如，基民在基金公司网站上申购的基金只能在网站上赎回，不能直接在银行代销网点赎回的，因为这两个渠道的托管机构不同。

同样道理，基民在基金公司申购的LOF基金无法直接在二级市场上卖出，在二级市场上买入的LOF基金也无法直接在基金公司赎回。

如果想要跨渠道交易，基民需要将托管在当前机构的基金份额转入另一个托管机构，这时就需要办理转托管手续。基民在转托管时必须在转出机构和转入机构都设立基金账户并分别办理转托管手续。转托管转出时要缴纳转托管手续费，转入时不用再交费用。

通过转托管方式，基民可以利用 LOF 基金在两个市场之间的交易差价进行套利。例如，某只 LOF 的单位净值为 1.2 元，而在二级市场的交易价格为 1 元，这时基民就可以在二级市场上以 1 元的价格买入，然后通过转托管手续将基金划转到自己在银行网点的账户上，最后再以净值赎回。

基民办理转托管手续需要两个工作日。也就是星期一办理转托管手续后，基民要等到星期三才能将基金划入另一个账户，这时才能赎回或者卖出。在办理转托管手续的两个工作日内，基金的单位净值可能变化不大，但它在二级市场的交易价格却可能大幅波动。

因此，基民利用 LOF 基金套利的方法只能是：当 LOF 的净值高于二级市场的价格时，基民通过交易所买入 LOF，然后把 LOF 转托管到银行账户，之后再赎回。如果进行相反方向的操作，等基金划入基民的二级市场账户后，基金净值可能已经出现了很大变化，套利空间就不存在了。

（2）ETF：跟踪股指涨跌

ETF 的字面翻译为"交易所交易基金"，但为了突出 ETF 的本质特征，一般将 ETF 称为"交易型开放式指数基金"。ETF 是可以在交易所交易的开放式基金，基民可以在场外申购、赎回 ETF，也可以在二级市场上买卖 ETF。

ETF 具有以下 3 个特点。

①完全跟踪股指。每只 ETF 均会跟踪某一个特定的指数，所跟踪的指数即为该只 ETF 的标的指数。

ETF 产品设计人员所选取的标的指数，都有较高的知名度、市场代表性、良好的流动性和编制的稳定、客观并且透明。例如，上证 180 指数、深证 100 指数沪深 300 指数等，都是 ETF 的标的指数。

ETF 对标的指数的拟合度要强于一般的开放式指数基金。一般的开放式指数基金也能跟踪标的指数的走势，但基金净值和指数之间会有一定偏差，而 ETF 的基金净值变动与标的指数完全相同。

为了使基金净值能直观地体现标的指数的变动,每只 ETF 在设计时有意地将 ETF 的净值和股指联系起来,将 ETF 的单位净值近似地设定为标的指数的某一个百分比。基民只要知道当前的指数点位,就可以了解 ETF 的投资损益。

例如,上证 50 指数 ETF 的基金份额净值设计约为上证 50 指数的 1‰。当上证 50 指数为 1234 点时,上证 50 指数 ETF 的净值就是约 1.234 元;当上证 50 指数涨到 1357 点时,上证 50 指数 ETF 的净值也就涨到约 1.357 元。上证 50 指数每上涨或下跌 100 点,上证 50 指数 ETF 的单位净值就会上涨或下跌约 0.1 元。

在二级市场上买卖 ETF 基金的最小交易单位为 1 手,也就是 100 基金单位。如果上证 50 指数 ETF 基金的市价为 2 元,基民最少只需 200 元资金就相当于同时买入了上海证券市场规模最大、流动性好的最具代表性的 50 只股票,即构建了一个涵盖 50 只股票的投资组合。如果基民要购买类似的开放式指数基金,最低申购规模要 1000 元。而基民要想自己在股票市场上买入股票,仅购买中国石油、工商银行、建设银行等几只权重股各 1 手就需要几千元资金。

②实物申购赎回。为了完全模拟指数走势,ETF 基金的全部资产都与指数中的股票对应。基金经理不能进行任何主动性操作,也无法预留现金应对投资者赎回。在 ETF 基金的场外交易时,采用实物申购、实物赎回的方式。也就是基民申购、赎回 ETF 基金都要以股票实物和基金份额交换。

ETF 的基金管理公司每个交易日都会公布一个"申购、赎回清单",表单中列出了基民申购这只 ETF 所需的"一篮子股票"。基民必须用这"一篮子股票"才能换到 ETF 基金。"一篮子股票"中的股票可以是基民自己账户中以前就有的,也可以是刚刚买入的。相对应的,在基民赎回 ETF 时,所得到的也不是现金,而是同样的"一篮子股票"。

购买这"一篮子股票"需要大量的资金,因此,ETF 份额的场外交易门槛很高,通常不是一般基民能承受得了的。

ETF申购、赎回清单

"申购、赎回清单"由基金管理公司在每个交易日开始之前公布。基民在申购时需要根据这个清单列出的投资组合信息准备相应的股票或者资金。

ETF申购、赎回清单一般包括四个组成部分,分别是组合信息内容、基本信息、T-1日信息内容和T日信息内容。

一、组合信息内容

组合信息内容

股票代码	股票简称	股票数量	现金替代标志	现金替代溢价比例	固定替代金额
600000	浦发银行	5900	允许	10%	
600001	邯郸钢铁	2500	允许	10%	
601398	工商银行	100	必须		535.000
601588	北辰实业	1700	允许	10%	
601600	中国铝业	2200	允许	10%	

上证50指数ETF申购、赎回清单(部分)

上图为上证50指数ETF一小部分的申购、赎回清单。其中列出了最小申购、赎回ETF份额所对应的成份股。其中包括每只成份股的代码、名称,需要的股票数量,以及是否可以用现金替代等要素。

1."现金替代标志"

"现金替代标志"一栏中显示的是申购时是否被允许使用现金进行替代交付的标志。这个标志包括三种状态,分别是禁止、允许和必须。

"允许"也就是允许现金替代。对于允许替代的股票,基民在申购基金份额时可以先使用自己账户中的股票,如果持有的股票不足或者没有这只股票,就可以用现金替代,在清单中的多数股票都允许现金替代。

"禁止"也就是禁止现金替代。对于禁止现金替代的股票，基民在申购基金份额时必须使用表中列出的股票，不能用现金替代，"禁止"现金替代的一般是长期停牌的股票。

"必须"也就是必须现金替代。对于必须现金替代的股票，基民在申购基金份额时只能使用现金，不能用股票。"必须"现金替代的一般是标的指数调整会涉及的一些股票。

2."现金替代溢价比例"

"现金替代溢价比例"是基民使用现金替代股票时，需要多缴纳的现金金额。

对于允许或必须现金替代的股票，基民可以用现金替代实际的股票进行申购。基金经理收到现金后会代替基民在股市上买入股票。

在基金经理买入股票这段时间里，股票价格可能出现变化。为了应对这种变化，基民在申购时除了要交纳被替代股票的市价外，还要缴纳一定的备用现金。备用现金与实际股价之间的比例就是现金替代溢价比例。按照现金替代溢价比例可以计算出基民需要交纳的总替代金额，计算公式为：

现金替代金额 = 替代证券数量 × 该证券最新价格 ×（1+现金替代溢价比例）

一般股票的现金替代溢价比例都是10%，也就是一个涨停板。这部分资金基金公司会多退少补。如果预先收取的金额高于基金购入该部分证券的实际成本，基金公司会退还差额；如果预先收取的金额不足以基金购入该部分证券的实际成本，基金公司将向投资人补收欠缺的差额。

例如，在上图中基民需要准备的股票包括：5900股浦发银行、

2500股邯郸钢铁、1700股北辰实业、2200股中国铝业。如果基民的股票账户上没有足够的股票，这几只股票都可以用现金替代。而工商银行必须用现金替代，因此没有现金溢价比例。假设基民账户上没有浦发银行，而浦发银行最近一笔交易的成交价为20元，那用来替代浦发银行的现金应该为20×（1+10%）×5900=12.98万元。这相当于按22元/股收取的现金。如果基金经理实际买入浦发银行的价格为21元，那么，单就这只股票来说，基金公司应该退还给基民现金（22-21）×5900=5900元。

3."固定替代金额"

在"现金替代标志"一栏中显示"必须"现金替代时，这一栏中会显示在最小申购赎回单位中替代该成份股股票所需的总金额。

例如，按照上图给出的一部分上证50指数ETF申购赎回清单，基民申购一个最小单位的上证50指数ETF时，必须用535元现金替代工商银行的股票。

二、基本信息

如下图所示的基本信息栏中，列出了清单公告的日期和ETF的基金名称、管理公司、交易代码等基本信息。

基本信息

最新公告日期 2009-06-23
基金名称 上证红利交易型开放式指数证券投资基金
基金管理公司名称 友邦华泰基金管理有限公司
一级市场基金代码 510881

ETF申购、赎回清单中的基本信息

三、T-1日信息

如下图所示的T-1日信息中,列出了ETF在T-1日(上个交易日)的基本交易信息。

T-1日 信息内容

现金差额(单位:元) ￥1690.65

最小申购、赎回单位资产净值(单位:元) ￥1154914.65

基金份额净值(单位:元) ￥2.310

ETF申购、赎回清单中的T-1日信息

在T-1日信息中,现金差额表示最小申购、赎回单位基金净值与最小申购、赎回单位基金中包含的所有的证券市值和现金替代之差。其计算公式为:

$$T日现金差额 = T日最小申购、赎回单位的基金资产净值 - \left\{ \begin{array}{l} 必须用现金替代的固定替代金额 \\ + \\ 可以用现金替代成份证券的数量与T日收盘价相乘之和 \\ + \\ 禁止用现金替代成份证券的数量与T日收盘价相乘之和 \end{array} \right.$$

基民可以将现金差额理解为自己在上个交易日申购一个最小单位基金所代表的价值与按照上个交易日收盘价计算的基金份额所代表的实际价值之间的差额。

如果基民在上个交易日完成了申购或赎回交易,需要按照本交易日公布的现金差额多退少补。现金差额的数值可能为正、为负或为零。在申购、赎回基金时,基民需要根据现金差额向基金公司支付现金或者获得相应现金,如下表所示。

ETF的现金差额		
	现金差额为正数	现金差额为负数
申购时	支付相应的现金	获得相应的现金
赎回时	获得相应的现金	支付相应的现金

四、T日信息

T日 信息内容

预估现金部分（单位：元） ￥3187.65

现金替代比例上限 55%

是否需要公布IOPV 是

最小申购、赎回单位（单位：份） 500000

申购赎回的允许情况 允许申购和赎回

ETF申购、赎回清单中的T日信息

上图所示的T日信息中，列出了ETF现在交易的基本信息。其中"预估现金部分"是指为了便于计算基金份额参考净值以及申购赎回代理券商预先冻结申请申购、赎回的基民相应资金，由基金管理公司根据前一交易日的基金资产净值和当日预计开盘价估算出的当日现金差额。其计算公式为：

T日预估现金部分 = T-1日最小申购、赎回单位的基金资产净值 − $\left\{\begin{array}{c}\text{必须用现金替代的固定替代金额}\\+\\\text{可以用现金替代成份证券的数量与}\\\text{T日预计开盘价相乘之和}\\+\\\text{禁止用现金替代成份证券的数量与}\\\text{T日预计开盘价相乘之和}\end{array}\right.$

> 在T日信息中的"现金替代比例上限"是指基民在申购时最多能用现金替代的基金净值比例。各只ETF中均设有严格的现金替代比例上限。也就是说,即使在ETF申购、赎回清单中没有禁止现金替代的股票,基民也不能完全使用现金申购。例如,现金替代比例上限为55%,基民在申购时就最多使用55%的资金,剩余部分的股票即使允许现金替代,基民也必须用实物股票申购。

③跨越市场交易。目前,在场外市场申购ETF所需要的资金量较大,多数基民都没有实力进入这个市场,只能在二级市场上买卖自己看好的ETF。与股票、封闭式基金的交易方式一样,在二级市场上买卖ETF时由买卖双方通过竞价方式确定成交价,其交易价格由市场供求关系决定。

基民在二级市场上交易ETF时会接触到一个重要的指标,即IOPV。IOPV是ETF的基金份额参考净值,是指每一单位基金所代表的股票的估计价值,对基民投资有很好的参考作用。IOPV与指数报价一样,都由证券交易所提供。证券交易所会根据基金管理公司每日提供的申购、赎回清单和一定的计算方法,实时更新IOPV数值。例如,上海证券交易所每隔几秒就会更新一次上证50指数点位,同时也会提供上证50指数ETF的IOPV值。

图3-5是上证50指数ETF分时走势图。其中实线为上证50指数ETF的价格走势,虚线为IOPV值的走势。在走势图中基民可以看出ETF的价格一直与IOPV值纠缠在一起,二者之间只有很小的偏差,这是因为ETF的套利机制在起作用。

ETF与LOF不同,基民以"一篮子股票"在场外申购的ETF份额马上就可以拿到二级市场上卖出。同样,在二级市场上买入的ETF份额也能立即在场外市场赎回。在场外市场赎回ETF获得的"一篮子股票"随时都能卖出获得资金。

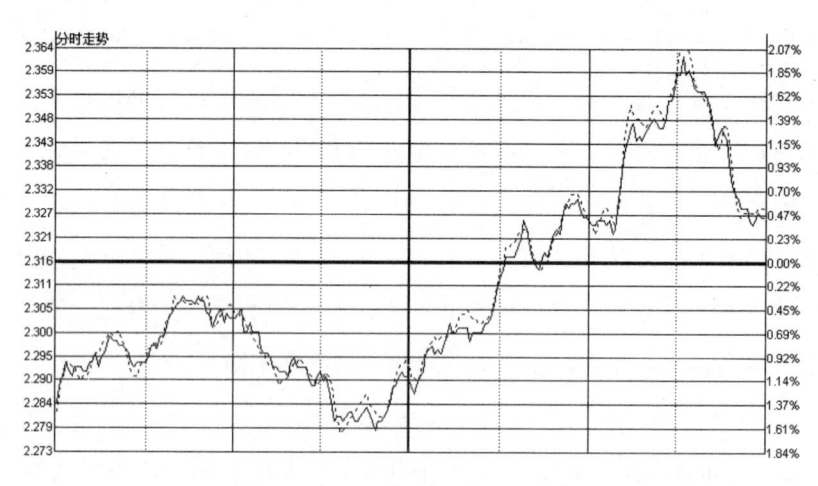

图3-5　上证50指数ETF分时走势图

ETF这种交易方式既不同于封闭式基金T+1的交易制度，也没有LOF基金转托管的限制。通过购买ETF，基民相当于获得了一种随时都能套利的工具。

一旦ETF的二级市场价格低于IOPV，表示在二级市场购买ETF的价格已经低于ETF所代表的"一篮子股票"的实际价值。这时会有大量资金进入二级市场购买ETF，之后在场外赎回，得到"一篮子股票"。最后再将"一篮子股票"在二级市场上卖出，获得差价。在获取差价的过程中，ETF被大量抢购，价格会大幅上涨，而"一篮子股票"被大量抛售，导致股价下跌，IOPV降低，二者最终会趋于平衡。如图3-6所示。

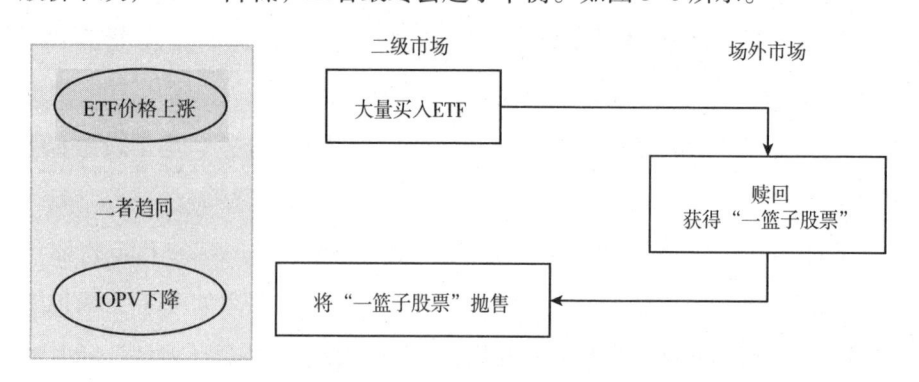

图3-6　ETF二级市场价格低于IOPV时的套利模式

相反，一旦 ETF 的二级市场价格高于 IOPV，表示在二级市场购买 ETF 的价格已经高于 ETF 所代表的"一篮子股票"的实际价值。这时就会有大量资金在二级市场上买入 ETF 代表的"一篮子股票"，之后以"一篮子股票"在场外申购 ETF，最后将 ETF 在二级市场上卖出，获得差价。在这个过程中，"一篮子股票"被大量抢购，导致 IOPV 升高，而 ETF 在二级市场上的价格会下跌，二者最终仍然会趋于平衡。如图 3-7 所示。

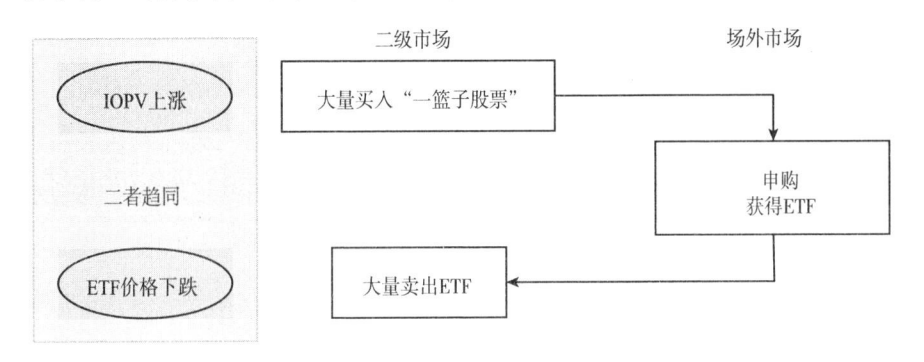

图3-7　ETF二级市场价格高于IOPV时的套利模式

ETF 的这种套利模式可以有效防止二级市场上的大额买卖对基金交易价格造成的影响，使基金在二级市场上的交易价格与 IOPV 实时保持一致。

例如，当上证 50 指数处于 2000 点时，上证 50ETF 的 IOPV 值约为 2 元，此时的交易价格也在 2 元附近震荡。假设此时在二级市场上出现一笔巨大的卖单，使上证 50ETF 的价格瞬间下跌 0.1 元，跌到 1.9 元，但此时 IOPV 值没有改变，仍然为 2 元。这表示 1 单位 ETF 代表的股票价值仍然为 2 元，但实际在二级市场上只卖 1.9 元。这样就出现了套利机会。基民可以在二级市场上以 1.9 元的价格买入 IOPV，去场外市场赎回，获得"一篮子股票"。因为 IOPV 值为 2 元，这时每基金份额所能赎回的"一篮子股票"价值也就约为 2 元。将这些股票抛售后，就可以获得 0.1 元的差价收益。

这种套利方式是完全没有风险的，只要套利空间存在，就会有大量资金重复同样的操作。ETF 的二级市场交易价格会快速上涨，而"一篮子股票"的价格也会快速下跌，直到二者之间的差价不足以支付交易手续费，这轮套利操作才会停止，ETF价格和IOPV值会再次纠缠在一起。

在实际操作过程，只要ETF的交易价格和IOPV出现1%甚至更少的偏离，在扣除手续费后就有无风险的套利空间存在。这时就会有一些专门的机构投资者进入套利。而且他们的套利操作多数都通过交易软件自动交易，在很短的时间内就会完成。从而使交易价格一直围绕IPOV在很小的区间内波动。

（3）LOF和ETF对比

虽然ETF和LOF是十分相近的两种基金品种，它们都能跨越两个市场交易，也都存在着一定的套利机会。但是在实际操作中，这两个基金品种的差别还是很大的，具体如表3-7所示。

表3-7 LOF和ETF的对比

	LOF	ETF
交易方式不同	LOF无论在二级市场上的交易还是场外的申购、赎回都只涉及现金和基金份额之间的交易	ETF在二级市场上买卖时，以现金和基金份额进行交易，在场外申购、赎回时需要以"一篮子股票"、部分替代资金和基金份额进行交易
投资策略不同	LOF在运作时，可以投资各种证券产品。只要符合招募说明书中承诺的投资比例，基金经理既可以进行被动型的指数投资，也可以主动投资其他证券品种	ETF是基于某一指数的被动型投资基金，基金在运作过程中会完全被动地复制指数成份股及其比例，基金经理没有任何主动操作的空间
透明度不同	LOF每季度或半年公布一次投资组合，每日公布上一日净值	ETF基金每天公布投资组合，在交易时间内每15秒更新一次IOPV
套利机制不同	LOF申购、赎回的基金单位和二级市场交易的基金单位分别由不同的机构托管。在跨越两个市场套利时必须办理转托管手续，需要两个交易日才能完成	ETF为基民提供了日内交易的套利模式，基民在几秒钟内就能完成套利交易

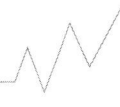

续表

	LOF	ETF
折溢价率不同	LOF 不能实时套利，二级市场交易价格和基金净值之间可能有比较大的折溢价比率	ETF 为基民提供实时的套利机制，二级市场交易价格和 IOPV 之间的差额很小
参与门槛不同	LOF在场外的申购和赎回与其他开放式基金一样，起点为1000基金单位，适合中小基民参与	目前市场上已经存在的 ETF 基金，在场外交易的申购、赎回最小基金份额至少要 100 万以上，一般普通基民难以参与

第二节　选基金更要选公司

基金管理公司是整个基金运作的管理者，向基民发行基金、寻找托管银行、雇佣基金经理以及研发团队等任务，都要由基金管理公司完成。

一个基金管理公司运作能力的高低和管理的规范程度，会直接影响到基金的业绩表现，也关系到基民的切身利益。

根据证监会 2020 年 9 月的统计数据，国内现有公募基金管理公司 129 家。这些基金管理公司中即有老牌的基金公司、也有新成立的基金公司；既有资金雄厚的大型基金公司、也有操作灵活的小型基金公司；既有土生土长的中资基金公司、也有外资参股的合资基金公司。面对这些形形色色的基金公司，基民应该仔细甄别、认真选择。

1. 多角度观察公司资质

在牛市里，每个基金公司都会有几只业绩出众的基金品种，大家都能轻松赚钱，但到了熊市，部分基金公司会因无法提前判断风险或判断失误，导致基金资产大幅亏损。因此，基民在选择基金管理公司时，首先要对基金公司的资质进行考察，看该公司是否有足够的能力管好一只基金。

一般情况下，大部分资质优异的基金管理公司都具有这样3个特征：一是结构完善，股权稳定；二是形象良好，服务周到；三是产品完善，费用低廉。

（1）结构完善，股权稳定

一家资质良好的基金管理公司应该有合理的股权结构和规范的治理结构，保证各股东之间相互制约，没有一股独大的现象。此外，公司还应该建立完善的独立董事制度，保证独立董事在公司决策时有一定的发言权。

基金公司股东的实力以及大股东对公司管理的重视程度，是基金公司不断发展的重要基础。国内基金业发展才刚刚起步，基金公司成立的时间普遍不长，各基金公司在发展期都离不开公司股东的大力支持与帮助，证券公司参股的基金能获得更多证券人才和资讯方面的支持；而银行参股的基金则可以获得银行网点的营销支持。

例如，2008年3月成立的农银汇理基金管理有限公司的股东分别是四大商业银行之一的中国农业银行、法国农业信贷银行集团旗下的东方汇理资产管理公司和中国最大的氧化铝生产商中国铝业股份有限公司，它完全可以获得中国农业银行和其他大股东的强有力支持。

基民可以进入基金公司的网站探查其资质。探查的重点应该放在公司背景、股东组成、历史作为上。基民还可以通过一些专业的财经网站查看一下这个基金公司的新闻以及其他人对它的评价，这样就可以较为全面地了解该公司，做到心中有数。

（2）形象良好，服务周到

基金公司是为投资者管理财产、追求增值的机构。诚信经营，按规则办事，不损害任何投资者的利益是它们经营的最基本原则。在此基础上，基金公司只有为投资者提供最好的服务、赚取较高的收益，才能赢得基民们的青睐、取得良好的口碑。

因此，基民在选择基金管理公司时，应该重点考察基金管理公司的服务质量和市场形象。另外，基民还应该观察基金管理公司对旗下基金的管理、运作及相关信息的披露是否全面、准确、及时。

基金管理公司的市场形象可以通过旗下基金的销售情况表现出来。市场形象较好的基金管理公司，旗下的开放式基金在发行时更容易受到投资者欢迎，发行之后也不会遭到大量的抛售。如果这类公司发行有封闭式基金，那么这些封闭式基金在二级市场上交易时会得到投资者追捧，因而交投活跃、价格稳定。

例如，华夏基金公司旗下曾经的金牌基金经理王亚伟管理的开放式基金——华夏大盘精选，在销售过程中获得了投资者的热烈追捧。为了控制基金规模，华夏基金公司不得不对这只基金采取暂停申购的策略。这可以反映出投资者对华夏基金公司的管理能力十分认可。

与上边的例子相反，部分形象不佳的基金管理公司，旗下基金往往会遭到投资者的抛弃，申购时冷冷清清，市场上稍有风吹草动就会遭到投资者大量抛售。对于这类基金公司的基金基民在投资时要注意风险。

是否能够及时披露重大事项是考察基金公司服务态度的重要方面。基民可以考察一个基金公司在过去一段时间内，是否向基金持有人披露了所有重大事项、重大资讯。那些故意隐瞒重大事项的基金公司难以获得基民信任。

基民可以通过拨打客服电话或者前往营销网点以咨询的方式考察基金公司的服务态度。基民可以向客服人员咨询许多问题，特别是一些细节的问题，如果客服人员能够不厌其烦、和颜悦色地对问题一一解答，那么由小见大，说明该基金公司的服务态度很好；相反，如果客服人员态度恶劣、一问三不知，那么说明该基金公司的服务质量很差。通过这种考察方法，投资者不仅能亲身感受基金管理公司的服务态度，还可以知道万一自己真的遇到难以解决的问题，基金公司会提供什么样的服务。

基金公司的知名度越高，市场上对其的评价也就会越多。这些评价或褒或贬，或许其中多数是客观的，但也有很多评价与事实不符，存在一定的误导性，甚至有些是他人的恶意诋毁。所以，基民在看到这些相关的评论时一定要站在自己的角度仔细辨别、冷静分析。

（3）产品完善，费用低廉

基民在选择基金管理公司时，应该适当关注基金公司是否具有相对健全、比较广泛的产品线。产品线完善的基金公司可以为投资者提供更广泛的基金选择，不同风险偏好的基民都可以寻找到适合自己的基金产品。当市场出现剧烈波动时，基民可以通过基金转换的方式，将手中的高风险基金转换为同一基金公司旗下的低风险品种。

基民可以通过登陆基金管理公司的网站或者通过其宣传资料来了解基金管理公司的产品库，查看该公司的产品线是否齐全，是否能够涵盖股票型基金、债券型基金、货币市场基金以及指数型基金等主要投资品种。同时，基民还应该咨询这些不同的产品之间是否能够方便地相互转换，转换费用是多少。

除了上面所提到的众多因素外，基民在选择基金公司时还应该对不同基金公司之间的交易费用进行比较，选择交易费用较低的基金公司，有效缩减交易成本。通过综合实力、交易方便程度、交易费用等因素的对比，基民就可以找到对自己来说性价比最高的基金公司了。

2. 全面考量基金的业绩

基金公司的综合实力可以通过不同角度多方面衡量，但最重要、最直接的因素还是公司旗下基金的业绩。优秀基金管理公司的业绩可能在短期内不是最好的，但是从长远来看，一家好的基金公司总能在牛市中尽量获取收益，在熊市中尽量回避损失，给投资者带来持续稳定的投资回报。而对那些业绩表现大起大落的基金管理公司，投资者必须谨慎对待。

（1）基金公司的龙头基金

每个的基金公司都有自己的龙头基金。基金公司为了提高公司知名度，会把最好的基金经理和各种信息资源都优先配置在一只基金中，将这只基金打造成市场上的龙头基金品种。

基民可以通过一个基金公司旗下的龙头基金来判断这个基金公司的整

体能力。可以想象，如果一家基金公司全力打造的龙头基金都不够强势，那这家基金公司旗下的其他基金的表现就更不值得期待了。

表3-8列出了某投资公司选出的市场上部分基金公司旗下的龙头基金和该基金的名称、代码和类型。该公司在选择龙头基金时综合考虑了晨星评级、基金业绩和市场评价等多个方面。

表3-8 部分基金管理公司旗下的龙头基金

序号	基金管理公司	龙头基金名称	基金代码	基金类型
1	宝盈基金管理有限公司	宝盈鸿利收益混合A	213001	混合型基金
2	博时基金管理有限公司	博时主题行业混合LOF	160505	混合型基金
3	财通基金管理有限公司	财通价值动量混合	720001	混合型基金
4	广发基金管理有限公司	广发策略优选混合	270006	混合型基金
5	华安基金管理有限公司	华安宏利混合	040005	混合型基金
6	华夏基金管理有限公司	华夏大盘精选混合	000011	混合型基金
7	诺安基金管理有限公司	诺安灵活配置	320006	混合型基金
8	兴证全球基金管理有限公司	兴全趋势投资混合LOF	163402	混合型基金
9	国泰基金管理有限公司	国泰金鹰增长混合	020001	混合型基金
10	银河基金管理有限公司	银河稳健混合	151001	混合型基金

（2）基金公司的金牌基金

在基金市场上只有业绩稳定、盈利能力优秀、市场口碑良好的基金才可以算是"金牌基金"，但是这样的基金并不多。如果一家公司同时管理着几只金牌基金，说明这家公司有很强的管理能力。这样基金公司所管理的其他基金品种，即使算不上金牌基金，其业绩也能得到保证，有望超过同类基金的平均水平。

表3-9是晨星公司在2020年9月21日公布的部分五星基金。榜单中的25只基金是晨星公司给据基金过去五年表现，通过科学的方式严格筛选出来的，可以说是市场上的金牌基金。

表3-9 晨星五星基金榜

代码	基金名称	基金分类	单位净值（元）	今年以来回报（%）
161725	招商中证白酒指数分级	股票型基金	0.9809	45.89
160632	鹏华中证酒指数分级	股票型基金	1.1570	52.28
160222	国泰国证食品饮料行业指数分级	股票型基金	1.0837	50.92
000294	华安生态优先混合	激进配置型基金	3.9380	61.39
001410	信达澳银新能源产业股票	股票型基金	3.4550	49.70
180012	银华富裕主题混合	激进配置型基金	5.3389	48.93
162605	景顺长城鼎益混合（LOF）	激进配置型基金	2.6510	48.93
110011	易方达中小盘混合	激进配置型基金	7.1300	43.73
110022	易方达消费行业股票	股票型基金	4.1200	34.77
200012	长城中小盘成长混合	激进配置型基金	2.9675	70.92
260108	景顺长城新兴成长混合	激进配置型基金	2.5710	45.57
000083	汇添富消费行业混合	激进配置型基金	7.0520	48.96
519002	华安安信消费混合	激进配置型基金	3.3940	70.38
161903	万家行业优选混合（LOF）	激进配置型基金	1.8447	64.37
159928	汇添富中证主要消费ETF	股票型基金	4.3840	45.06
000991	工银瑞信战略转型主题股票	股票型基金	2.7400	84.51
001631	天弘中证食品饮料指数A	股票型基金	2.8522	53.97
510630	华夏上证主要消费ETF	股票型基金	4.7853	59.35
001632	天弘中证食品饮料指数C	股票型基金	2.8198	53.75
519732	交银定期支付双息平衡混合	标准混合型基金	5.1900	37.78
000248	汇添富中证主要消费ETF联接	股票型基金	2.8867	43.50
512600	嘉实中证主要消费ETF	股票型基金	4.2688	43.62
519704	交银先进制造混合	激进配置型基金	3.6367	51.72
000751	嘉实新兴产业股票	股票型基金	4.6730	53.01
001186	富国文体健康股票	股票型基金	2.0330	66.23

表中数据来自"晨星资讯（深圳）有限公司"

📖 扩展阅读

晨星公司

晨星（Morningstar）于 1984 年在美国芝加哥创立，其创始人为乔·曼斯威托（Joe Mansueto）。

晨星旨在为投资者提供专业的财经资讯、基金和股票的分析和评级，以及方便、实用、功能卓著的分析应用软件工具，是美国最主要的投资研究机构之一和国际基金评级的权威机构。

目前晨星共有 1400 多名成员，分布在美国、加拿大、欧洲、日本、韩国、澳大利亚、新西兰及中国，拥有世界级的研究分析师队伍、数百名资深的软件开发和专业版面的设计人员，为全球的投资者提供关于 26 万多种基金、股票投资的数据和资讯以及分析工具。2003 年 2 月 20 日晨星中国总部在深圳成立，目前员工人数约 500 人。

为了保证评级和分析的独立性和客观性，晨星自创立至今从未从事过基金和股票投资，只是专注于帮助个人投资者作出正确的投资决策，通过客观全面的分析和比较，帮助客户制定完整的、合乎个人需求与特点的投资方案。

（3）基金公司的投资风格

一家业绩优良的基金公司，在旗下多数基金产品均走势良好的前提下，又会有自己鲜明的投资风格。有的基金公司擅长运作股票型基金、有的基金公司擅长运作债券型基金、还有的基金公司擅长运作指数型基金。基民首先要了解基金公司的强项产品，根据自己希望购买的产品来选择基金管理公司。

另外，即使是同一类型的基金，不同基金公司的投资风格也不相同。同样是运作股票型基金，有的基金公司偏向于大盘蓝筹股的价值型投资，有的基金公司则偏向于小盘题材股的短线炒作。基民在选择基金公司时要了解各家基金公司的投资专长和投资风格，选择一家符合自己投资思路的基金公司。

（4）基金公司的研发能力

基金公司的研发能力是基金持续盈利的基础。

在判断一家基金公司的研发能力时，有足够时间并且具备一定专业知识的基民，可以跟踪关注基金公司公布的研究报告、策略报告等，根据这些报告的内容分析基金公司的研发能力。但是一般基民都不具备上述条件，这时可以选择两种简单可行的方法。

首先，基民可以查看基金公司旗下所有基金产品业绩的整齐程度，也就是每个基金产品在同类产品中的业绩排名是否相似。如果基金公司旗下所有的基金产品业绩都位列前茅，说明这些基金产品受个别基金经理能力的影响较小，基金公司的整体研发能力较强。相反，如果基金公司旗下的同类基金产品之间业绩差别很大，说明基金在运作过程中没有得到基金公司的太多帮助，即使有少量基金业绩出众，也是受到基金经理个人能力的影响。

另外，基金持股的稳定性也是判断基金公司整体研发能力的重要指标。基金公司会在定期报告中向投资者公示基金的持仓结构。如果一家基金管理公司旗下的基金频繁买卖股票，说明这家基金公司并没有明确的投资方向，其研发能力值得怀疑。这种基金的业绩虽然可能在短期内走强，但在长期看很难维持。

3. 要慎重对待基金广告

在基金公司的网站、广告或者各种宣传材料上，几乎所有的基金公司都会宣称自己的基金是最有潜力、增值最快、回报最高的。这不免让基民无所适从，弄不清楚到底哪家基金公司才是最好的。

基金公司的广告中可能会带有一些夸大、误导的成分。基民在阅读基金广告时，为了不被误导，挤出基金宣传资料的水分，需要分清几个容易被误导的概念。

（1）最高业绩≠平均业绩

有的基金公司在资料中宣称自己能够获得"20天增值50%""3个月净值翻番"等十分具有吸引力的回报率。其实这些只是基金公司的最高业绩，并不能代表基金公司的平均业绩水平。

巴菲特被尊称为"股神"，在他40多年的投资生涯里，也只是获得了平均20%的年收益率。与"股神"的业绩相比，宣传资料中那些跃进式的盈利水平显然有一定水分。基金公司旗下的某只基金可能在某个时期获得很高的收益，但基民更应该看中的是这家基金公司的长期的、平均的盈利能力。

不同的基金品种受宏观政策的影响程度也不相同，相同基金品种的业绩也会因为基金经理运作水平的高低而有所差异，即使同一个基金经理所管理的几只基金业绩也有高有低，而同一只基金在不同行情中的表现也会大相径庭。

基金管理公司为了"获得"高收益率，往往会挑选旗下运作最好一只基金，并且截取这只基金在增值速度最快的一个时间段内的经营成果，他们提供的数据并不具有普遍性和代表性。

因此，基金公司所提供的"冠军"业绩对基民选择基金公司的参考作用有限。基民在选择基金公司时应该综合考虑基金公司旗下所有基金的长期累计净值情况和基金净值的增长率。只有这些数据才能真正说明基金公司的运作能力。

（2）不提示风险≠没有风险

除了货币市场基金和保本型基金，基民购买基金都要面对一定的风险。基金公司在宣传资料中很少对相关的投资风险做出提示，但这并不代表就没有风险。

按照证券监管部门的要求,基金公司在宣传材料中必须说明"不能保证基金一定盈利,也不保证最低收益",但是有部分不负责任的代销机构和基金公司为了达到成功集资的目的,在销售基金产品时会一味强调基金的高收益,极力淡化基金蕴藏的投资风险。

很多宣传资料中会将风险提示内容放在"边边角角"的位置,不容易发现。然而对基民来说,这些内容是最重要的。对于那些在宣传资料中只强调收益,根本不提投资风险的基金管理公司,基民最好敬而远之。

还有的基金公司为了增加产品的可信度,会把基金放在银行代销。在多数投资者心中,银行是最强的信誉保障。但是基民应该清楚,银行只是基金的销售渠道。如果基金亏损,银行不会承担任何责任。

(3) 预期收益≠固定收益

几乎所有的基金产品都会向投资者介绍预期收益。例如,某基金产品的预期收益年利率为10%。但是这个收益不是固定收益,它仅仅代表基金公司的一种希望,不一定能够完全兑现。而且预期收益率越高,说明基金投资对象的风险性越大,如果市场行情不好,基金甚至有亏损的可能。

与"预期收益"的说法一样具有迷惑性的词汇还有"累计收益"。例如,一些基金公司宣称能够保证累计收益率10%。10%的收益率看似很高,但假如这是5年的累计收益率,按复利算下来,每年的实际收益率还不到2%,甚至还不如把钱存在银行里合适。因此,累计收益只是一个相对概念,如果没有明确的期限,这个概念对基民毫无参考价值。

4. 好公司才会有好产品

有的新基民由于听了朋友的介绍、基金公司宣传或是客户经理推荐,就去购买某只基金,但这些操作方式往往不能取得良好的收益。

朋友介绍的基金都是最近一段时间表现特别抢眼的。如果不是涨幅十分巨大,朋友也不好意思向你推荐,这就存在所谓的短视效应,即一只基金很难长期维持强势。因此经常出现的情况是：当朋友推荐这只基金时基金净值已经见顶，这时再买入不仅要亏钱，连朋友间的感情都可能亏进去。

基金公司的宣传资料虽然十分详细，好像对基民体贴入微。但是如果基民多阅读几份宣传资料就会发现，很多基金公司的资料中都会把自己的基金说得天花乱坠，仅凭这些资料基民根本无法做出正确的选择。

另外，很多基民会相信银行或者证券公司的客户经理推荐。客户经理在向基民销售基金时，会根据基民的实际情况，为基民量身定做的推荐一只基金。与其他基金品种相比，这只基金可以符合基民的需求，是最佳选择。这时基民可能就会觉得，客户经理主推的"金牌基金"肯定是他们在众多基金产品中认真挑选的，而他们的推荐理由也头头是道。但实际上，这只是一种营销策略。如果进行长期的观察基民就会发现，这些所谓的"金牌基金"是经常变化的。比如在1月时基金经理会推荐基金A，到2月时就会推荐基金B，3月推荐基金C……无论哪只基金，客户经理都会找出各种理由将它说成是为基民量身定做的。在这种情况下基民选择"金牌基金"就好像抽奖一样，虽然有可能买到好基金，但也只是自己好而已。

其实现在市场上有很多科学的选基方法，比如综合考虑基金最近几年的净值走势和大盘走势对照，考察基金净值的波动幅度等指标。不过这些方法对多数基民来讲技术含量太高，并不实用。毕竟选择基金的目的就是为了委托专家理财，在投资时没必要花费太多精力。因此建议基民可以选择一些简单并有效的选基方法。

利用专业研究机构的评级资料选择基金就是一种简单实用的方法。晨星、银河、中信等专业评级机构都有自己科学的评级体系。经过这些机构评选出的基金排名对基民有很强的参考价值。例如，晨星公司每个月都会对成立一年以上的基金给予一星至五星的评级，每年还会评选一次年度基金奖。这些资料对基民有很好的参考价值。

基民看基金排名也需要技巧。有些基民喜欢盯冠军，认为排名第一的基金总是最好的，这种方法有一定片面性。风水轮流转，没有一只基金能稳坐第一，某些"金牌基金"在一段时间后可能会落后，甚至沦为倒数。而那些被认为"实力不济"的基金中偶尔也会窜出几匹黑马。

为此基民在选择基金时不能只盯住当前的"金牌基金"，还应该把目标扩大到整个排名的"第一集团"，综合考虑前5名或者前10名的基金品种，将考察基金公司作为重点。如果一家基金公司能够在"第一集团"稳稳占据几个位置，就说明它的实力非同一般，投资它旗下的基金显然安全性更高。即使这家公司的个别基金偶尔出现问题，基民也可以通过基金转换的方法避免损失。

因此，基民在分析基金排名时应该先选基金公司再选择基金。而选择基金公司的方法很简单，基民可以参考晨星公司最近几年的五星基金榜，看看哪家基金公司旗下基金可以一直上榜。这样谁是真正的金牌基金公司就十分清楚了。

第三节　看业绩选基金经理

选择好适合自己的基金品种和可靠的基金公司后，基民需要为自己选择一位优秀的基金经理。基民在投资某只基金之前，应当清楚谁是这只基金的基金经理，这位经理具有怎样的资历。一位好的基金经理，可以让基金的业绩更上一层楼，从而使基民获得更多的收益。

1. 基金管理的3种方式

根据基金经理的数量、分工不同，基金的管理方式可以分为单个经理型、多个经理型和决策小组型3种。管理方式不同，基金经理对基金业绩的影响程度也不相同。如表3-10所示。

表3-10 基金管理的3种方式

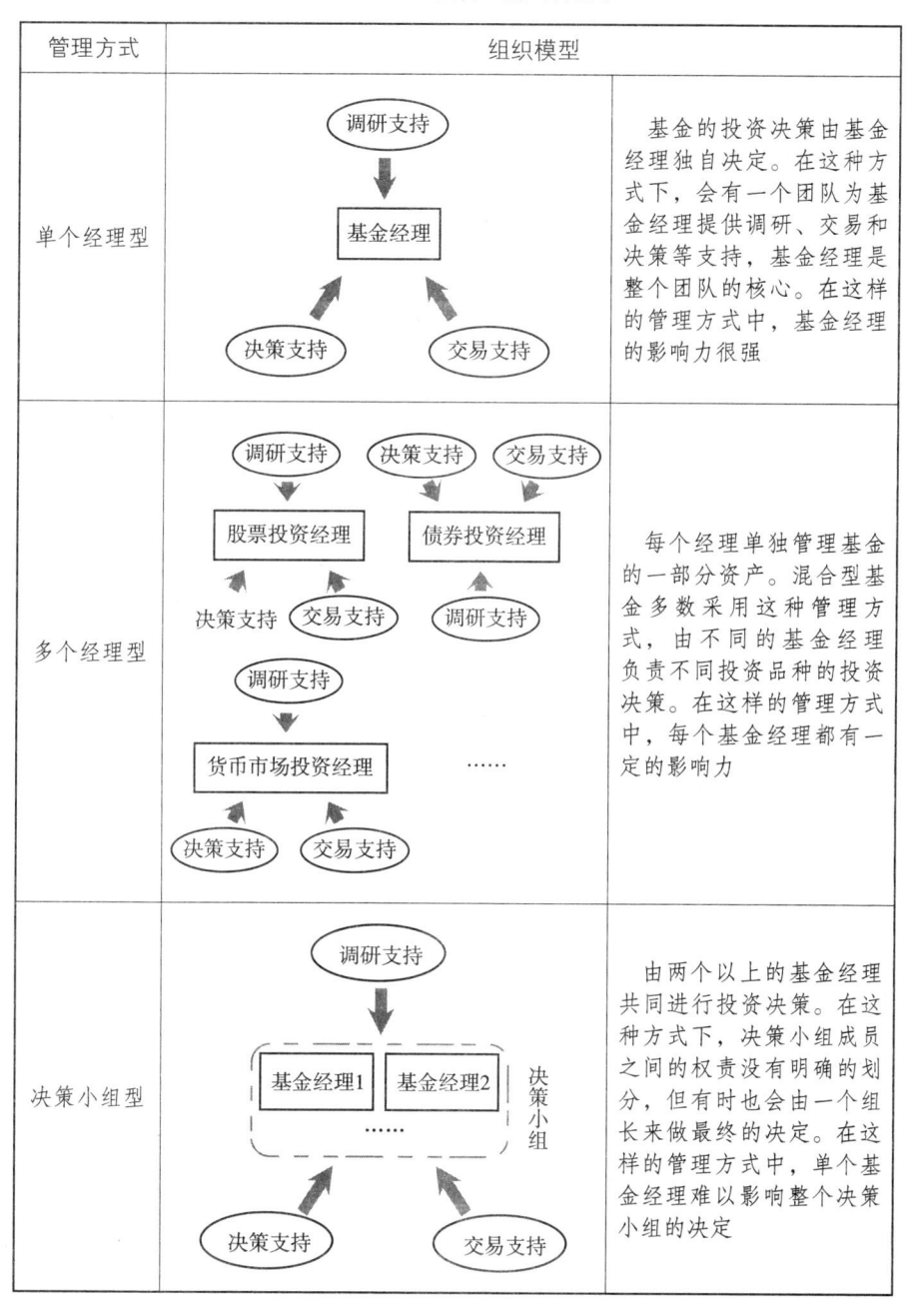

管理方式	组织模型	
单个经理型	调研支持 → 基金经理 ← 决策支持、交易支持	基金的投资决策由基金经理独自决定。在这种方式下，会有一个团队为基金经理提供调研、交易和决策等支持，基金经理是整个团队的核心。在这样的管理方式中，基金经理的影响力很强
多个经理型	调研支持、决策支持、交易支持 → 股票投资经理、债券投资经理；决策支持、交易支持、调研支持 → 货币市场投资经理……	每个经理单独管理基金的一部分资产。混合型基金多数采用这种管理方式，由不同的基金经理负责不同投资品种的投资决策。在这样的管理方式中，每个基金经理都有一定的影响力
决策小组型	调研支持 → [基金经理1、基金经理2……] 决策小组 ← 决策支持、交易支持	由两个以上的基金经理共同进行投资决策。在这种方式下，决策小组成员之间的权责没有明确的划分，但有时也会由一个组长来做最终的决定。在这样的管理方式中，单个基金经理难以影响整个决策小组的决定

无论一只基金有几个基金经理,这些基金经理的权限都会受到基金投资决策委员会的限制。这称为决策委员会领导下的基金经理负责制。例如,在一些基金的管理制度中规定,基金经理可以自行决定5000万元以下的投资,但超过这个权限的投资必须报投资决策委员会批准。

2.4个维度考察基金经理

最优秀的基金经理通常被称作金牌基金经理。历史投资收益率是评价一个基金经理是否是金牌基金经理最基础的因素,也是最显而易见的因素。然而,真正的金牌基金经理,并不应该只是优秀的操盘手,更应该是富有理财理念的经济专家。

在实际操作中,仅看基金经理的履历表很难对其做出准确判断,每个基金经理都是高学历并且经验丰富的。另外,单凭基金经理的短期投资业绩也难以发现他的潜在优势,一次操作成功并不代表他有卓越的投资能力。

投资者要想选择一位金牌基金经理,就要在众多的基金经理选择合适的候选对象,对其投资策略进行必要的研究,分析他对市场的理解与自己的投资目标是否一致,认真关注他操作思路的变化。

在诸多因素的干扰下,普通基民难免在评价和选择基金经理时面临一定的困惑。这时可以从4个方面对其进行考察。

(1)多面手

一个优秀的基金经理应该精通金融、投资、营销等多方面内容。基民应该尽量选择具有丰富投资经验的基金经理。

(2)业绩佳

基金净值增长率和盈利稳定性是衡量基金经理业绩最主要的两个指标。基民应该倾向于选择能够给基金带来稳定收益,并保持基金份额相对稳定的基金经理。

（3）稳定性

基金经理的更替应该在遵循资产配置规律的前提下进行；稳定的基金经理才能给基金带来稳定的业绩。基民在衡量基金经理稳定性时，不应以年份长短来衡量，而应当以基金资产的周期性作为衡量标准。

（4）重合作

基金经理只是基金管理团队的带头人，一只基金运作好坏需要整个基金管理团队的配合，基民不应过分崇拜个性化基金经理。

📖 扩展阅读

> 基金选股策略：自上而下VS.自下而上
>
> 基民在阅读股票型基金的定期报告和招募说明书时，经常可以在股票投资策略部分看到"自上而下"和"自下而上"两个概念，这是基金经理在选择股票时运用的两种策略。
>
> 采用自上而下策略的基金，一般会将大部分精力放在寻找最好的行业或者市场板块上，而在板块内部具体投资工具的选择上，花费的精力会相对较少，其研究工作一般也都是从宏观开始，然后逐渐过渡到行业，最后是个股。
>
> 自下而上的投资策略与此相对，采用这种策略的基金最为关注的是个别公司的表现和管理，而不是经济或市场的整体趋势。自下而上的投资策略一般不是很重视将资产均衡地配置在各种行业或者市场板块上。其研究工作的出发点一般都是直接从公司开始，并结合行业和整体的经济走势。
>
> 彼得·林奇可以说是采用自下而上投资风格的典型代表。在基金管理过程中，彼得·林奇的大部分时间都花在上市公司的走访和研究上面，在构建投资组合时对行业之间的配置比重关注不多。

> 巴菲特也可以算是自下而上风格的基金经理,在他写给投资者的信中,很少会出现对宏观经济和整个市场走势的看法。
>
> 索罗斯应该是自上而下风格的代表。他旗下量子基金的投资领域横跨股票、债券、商品期货、外汇和金融衍生品,其主要收益来自在宏观层面上对各市场投资份额的相对配置。

3. 经理变动对业绩的影响

基金业是一个流动性很强的行业,基金经理随时可能跳槽、辞职。基金经理的每次变动都会引起基民的关注。但是基金经理变动后,基金管理公司往往只是简单公告,并不说明变动原因。这让一些基民感到恐慌,因为他们不知道基金经理人变动之后会对基金业绩产生怎样的影响,也不知道是否该赎回自己手中的基金。

其实,有些种类的基金,如纯债券基金和货币市场基金,它们的基金经理变动对其业绩的影响十分有限。即便是股票型基金和混合型基金,它们中也有一部分不会受到基金经理变动的太大影响,因此基民可以放心继续持有,并不需要急忙赎回,如表3-11。

表3-11 三种受基金经理变动影响较小的基金

指数型基金	指数型基金的收益与指数变动息息相关,基金经理人在操作过程中只需要根据指数的组成结构按比例投资成份股,不用主动分析和选择股票
一流基金公司旗下的基金	在一流的基金公司中,有许多优秀的基金经理,一个基金经理离开后立即会有其他的基金经理填补空缺
决策小组型基金	有的基金采用决策小组型管理方式,在投资时采取民主的方式进行决策。在这种情况下,基金经理只是小组带头人,其变动对基金业绩的影响有限

如果基民手中持有的基金不属于这几种类型，那么基民就应该注意观察在基金经理变动后基金的投资组合和业绩是否也发生了相应的变化。虽然在宣布变更基金经理的同时，多数基金公司都会强调"基金仍会遵循以往的投资策略"。但基民还是应该通过自己的观察来证实这些说法，避免不必要的投资风险。在基金经理变动后，基民可以从表3-12中列出的3个方面判断基金的投资策略是否出现了变化。如果基民通过一定时间的观察，认为基金经理的变动已经导致基金的经营策略出现改变，并且这种改变可能使自己的收益减少，就应考虑择机赎回基金。

表3-12　基金经理变动后可能出现的3种变化

持股情况变化	基金的持股情况出现大幅变动时，表示基金的投资策略发生了改变。对于基金持股情况的变动，基民可以从基金公司的公告中了解
基金规模变化	基金规模的大小会直接影响到基金经理的操作思路，如果在基金经理变动时基金规模大幅改变，基金的投资策略肯定也会改变
管理方式变化	如果在基金经理变动的同时基金的管理方式也出现了重大变化，例如，由多个经理共同管理变成单个经理独自管理，那基金的投资策略也可能相应地调整

4. 团队是业绩稳定的保障

出色而稳定的投资团队是一只基金能够获得良好投资业绩的保障。现在市场上的投资者都越来越专业，市场信息的透明度也越来越高，基金公司要想在这样的市场上获得比别人多的利润，就必须拥有一个分工明确、配合协调的投资团队。

实际上，每只业绩出色的基金公背后都有一支分工明确、通力协作、兢兢业业的投资团队。在购买基金时，投资者不仅要了解基金经理的能力，还需要详细的考察该基金经理领导的投资团队的实力。

在考察基金的团队实力时，基民可以从以下4个方面出发，如表3-13所示。

表3-13 在选择投资团队时应考虑的4个方面

专业机构评价	基金资产规模
专业评级机构对基金的评价可以为基民选择基金提供有力参照。目前国际上最权威的基金评级机构是美国的晨星（Morning Star）和理柏（Lipper），国内的银河证券和中信证券也都有比较权威的基金评级机构	基金公司管理的资产规模可以反映出市场投资者对该基金的认可程度。市场认可度高的基金产品，肯定有出众的投资团队作为保证。 基金公司的规模越大，基金公司获得的管理费也就越多，也就能聘请更优秀的理财专家
长期综合表现	团队人员稳定
如果一只基金能够长期获得的稳定收益、很少出现重大操作失误，那这只基金的业绩肯定来自优秀的投资团队，而不是某一个明星基金经理个人的能力。如果一只基金仅依靠基金经理的个人能力运作，很容易出现投资错误	一个投资团队的人员流动过于频繁本身就说明基金公司在管理上存在问题，难以留住优秀人才。 团队中的人员要做到相互配合、相互信任，需要一定时间的磨合。人员流动太快，会降低整个投资团队的工作效率

5. 如何选择基金公司

现在，我们可以总结出一个选择基金公司的大致流程如图3-8所示，当然，基民也可以根据自身的需求和特点得出自己的基金选择方法。

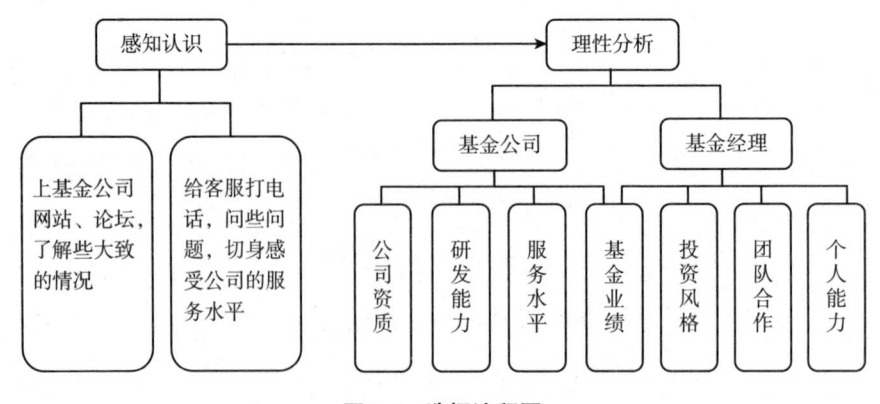

图3-8 选择流程图

第四节　看大势选择好买点

基民选中一个基金经理就等于已经选好了自己要购买的基金。这时基民需要做的就是寻找一个合适的时机买入基金。虽说基金是长期投资品种，短期的市场波动并不会影响长期趋势的变化。但是对于小额投资的基民来说，如果能够选择一个市场低点入场，不仅可以减少很大一部分投资成本，还可以让自己免受短线套牢的心理煎熬。选择基金买点应注意宏观经济周期和市场投资热度两个方面。

1. 在经济周期中顺势而为

宏观经济周期可以分为复苏、过热、滞涨、衰退4个往复循环的阶段，就好像一年中的春夏秋冬四季。

宏观经济的走向会影响到股市行情。国家的经济发展速度直接决定了上市公司的盈利能力，也就能决定股票价格走势，间接影响股票型基金价格变动。另外，国家在不同的经济时期内会调整利率，这会影响到债券型基金和货币市场基金的盈利水平。因此基民在选择基金品种投资时应该注意当前经济周期，灵活调整投资策略，追求最大收益。如图3-9所示。

当宏观经济处于不同发展时期时，投资者应该选择不同的投资策略。针对这种现象，美林证券经过30年的数据统计分析，提出了投资时钟理论。如图3-10所示。

投资时钟是一种将经济周期与资产和行业轮动联系起来的方法，可以有效指导投资者选择投资周期。

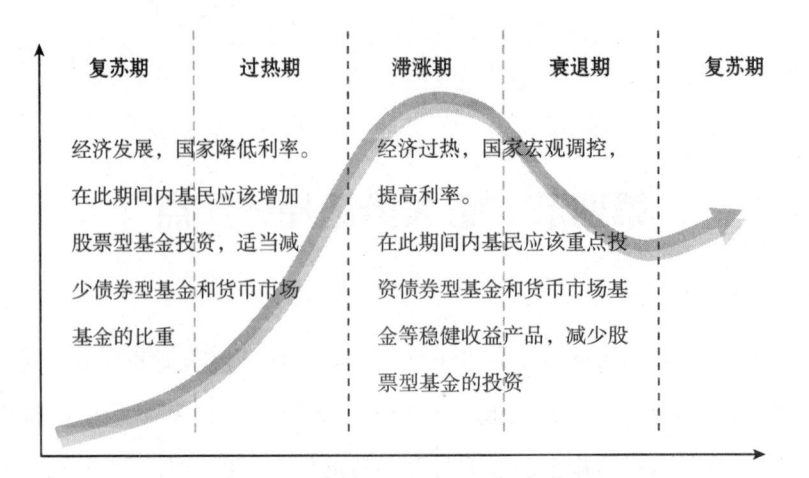

图3-9 不同经济环境下对基金的选择

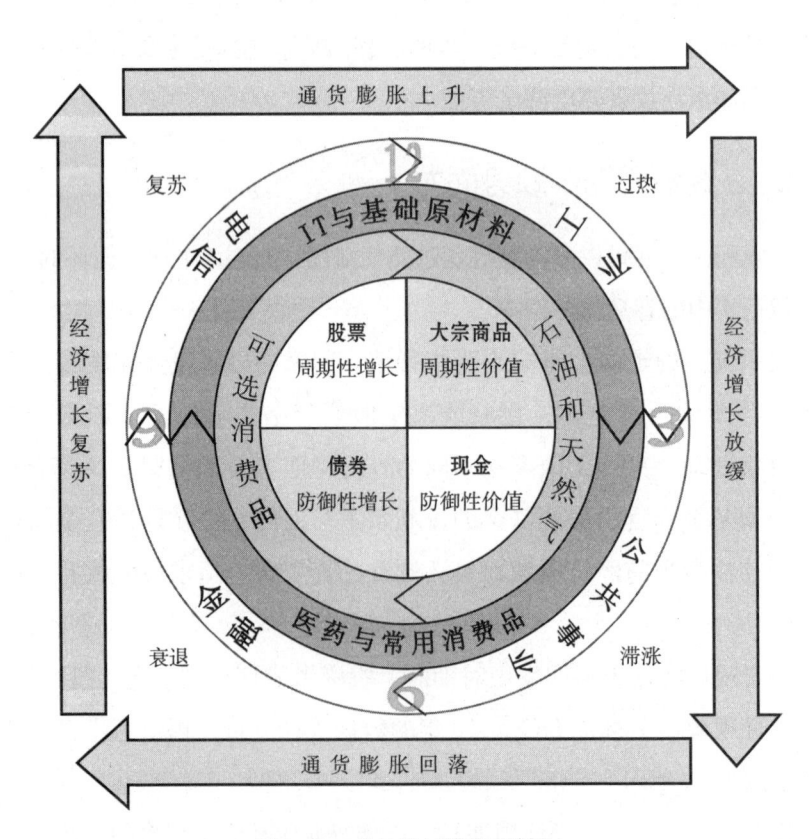

图3-10 美林的"投资时钟"

与其他经典理论类似，美林的投资时钟理论将一个完整的经济周期分为衰退、复苏、过热和滞胀四个阶段。所不同的是，投资时钟将经济画成圆圈的形式，从左下角的衰退期开始顺时针转动，经过复苏、过热、滞胀再回到衰退期。

在投资时钟外围有经济增长和通货膨胀两个坐标，表现这两个因素对经济周期的推动作用。例如在复苏转入过热时，经济增长一直处于较高位置，并没有太大变化，而通货膨胀却大幅上升；在过热转入滞涨时，通货膨胀一直处于较高位置，没有太大变化，经济增长却明显放缓。在国民经济中，衡量经济增长的指标是GDP，衡量通货膨胀的指标是CPI。

在投资时钟核心的圆盘部分，包括各种金融资产在不同时期的表现差异，在每个阶段都会有一类特定的资产获得高于市场平均水平的收益。

12点～3点，过热阶段：

经济的持续发展会造成生产能力接近极限，通货膨胀逐渐上升。这时国家会逐渐提高利率，保持基金可持续增长，造成经济增长率一直处于高位。因为企业的发展受到限制，股票已经不是最佳的投资选择。而通货膨胀率的上升会造成商品价格上涨，在此阶段大宗商品交易是最佳的投资选择。

3点～6点，滞胀阶段：

经济增长速度已经出现了明显的停滞状态，但通货膨胀率继续上升。由于生产不景气，企业为了维持利润水平会不断提高产品价格，造成员工对工资的需求不断上涨，而工资上涨又会造成新一轮的产品价格上涨。只有大量企业破产后失业率不断上升才能打破这一恶性循环。在这个过程中国家会不断提高利率水平，因此现金资产是最佳的选择。

6点～9点，衰退阶段：

在这个阶段内经济增长乏力，产能过剩造成商品价格不断下降，通货膨胀降低。企业利润下滑，实际收益下降。国家为了刺激经济发展会连续降低利率水平，使债券的收益水平降低，价格跌入低谷，这时是逢低抄底债券资产的最佳时机。

9点～12点，复苏阶段：

国家宽松的货币政策会刺激经济加速增长、逐渐复苏。在这个时期内剩余产能尚未消耗干净，通货膨胀率不会出现剧烈波动。周期性行业发展迅速，而国家为了保持经济增长也会继续扶持企业的发展。这些因素都会造成股价的大幅攀升，因此这个阶段是股票投资的最佳时间。

投资时钟还可以帮助投资者制定行业投资战略。例如，当经济处于复苏阶段时，IT行业、基础原材料、可选消费品以及电信行业均会进入高速发展时期，当基金处于滞涨阶段时公共事业、医药、日常消费品、石油和天然气行业都是很好的避险品种。

2. 根据投资热度反向操作

判断未来行情演变趋势的方法多种多样，有些情况下投资者可以应用相反理论。

相反理论认为，在股市上赚钱的人永远是少数。随着行情的上涨，当多数人都看好股市时，股市的上涨行情就快要结束了。同样，随着行情的下跌，当大多数人都看空股市时，股市的下跌行情也就快要结束了。因此，要想在股市上盈利，必须与多数人的操作相反。

虽然相反理论是在股市上提出的，但基民在交易基金时使用同样的方法也一样有效。股市上涨是由资金推动的，当"全民炒股，全民养基"时，表示多数能进入股市的资金均已经进入，再难以有新的资金跟进，大盘上涨的动力已经枯竭，而基金的上涨也到了顶点。相反，如果所有投资者都不看好股市，所有能够流出股市的资金都已经流出了，这时大盘就到了底部，行情或许有反弹的可能。

例如，在2015年上半年，资金疯狂入市。在很多银行网点出现了排队申购、认购基金的现象。很多基民都要提前几天排队才能申购成功，一些基金公司还打出了"基金下乡"的旗号。实际上，这时距离股市顶点已经不远了，市场上已经积累了巨大的风险。按照相反理论，这时应该远离市场了。

📖 扩展阅读

彼得·林奇的基金投资法则

彼得·林奇是基金历史上的传奇人物。在他掌管麦哲伦基金的13年间，该基金管理的资产由2000万美元增长至140亿美元，基金投资者超过100万人，成为美国富达基金管理公司的旗舰基金，基金的年平均复利报酬率达29.2%。作为一个传奇式的基金管理人，彼得·林奇对普通投资者如何投资基金、如何挑选基金给出了许多很好的建议。有人也特意将这位传奇基金经理的投资经验总结为"七大法则"。

法则一：尽可能投资股票基金

彼得·林奇所管理的基金就是股票型基金，他对股票的偏爱贯彻始终。根据他的观点，从证券市场的长期发展来看，持有股票资产的平均收益率要远远超过其他类别的资产。因此，如果一个投资者抱定长期投资信念，把投资作为家庭长期财务规划的一部分，追求长期的资本增值，应该尽可能购买股票类资产。对基金投资者来说就是尽可能投资股票基金。

法则二：忘掉债券基金

这条法则和上条一脉相承。彼得·林奇认为：如果投资者青睐债券型基金的无风险、收益稳定，还不如自己直接购买债券。彼得·林奇曾经把购买债券型基金称为"付钱请马友友来听收音机"。（马友友，英文名 Yo-Yo Ma，是在巴黎出生的美籍华人，大提琴演奏家，曾获得多座格莱美奖。彼得林奇的意思是：付钱请基金经理为自己购买债券与"付钱请马友友来听收音机"一样,纯粹是多此一举。)

法则三:按基金类型来评价基金

在投资基金时,要找到同类型基金进行对比。不同类型的基金在不同的市场时期和市场环境下表现会大不相同。投资者比较基金收益的差异,要基于同一投资风格或投资类型,而不能简单地只看收益率。

另外,彼得·林奇还表示:在各种风格的基金中,都不乏优秀者。如果将资金有计划地分布在这些优秀基金中,可以构建一个相当不错的投资组合。

法则四:忽视短期表现,注重基金收益稳定性

大多数投资者在选择基金时最热衷的是研究基金过去的表现,尤其是最近一段时间的表现。然而,彼得·林奇回答:"这些努力都是白费的。"

投资者在评估基金业绩时最应该看重的是基金收益的稳定性。特别是对于普通投资者,如果不知道基金近期高收益的真正原因,那最好选择收益稳定的基金。

法则五:组合投资,分散基金投资风格

彼得·林奇建议投资者在投资基金时要构建一个组合。虽然每个基金经理都会购买几十只股票,充分分散了个别股票以及行业风险。但投资者还是应该多购买几只基金,来平衡基金经理的投资风格。

彼得·林奇还提醒投资者构建投资组合时需要注意的两个问题:第一,投资组合绝对不是越分散越好。第二,避免自己投资组合中不同基金的类型雷同。

法则六:如何调整基金投资组合

投资者构建完成一个投资组合后,还需要定期根据市场变化适

当调整。彼得·林奇认为：基民在往组合中追加投资时，选择近期表现不好的风格追加投资。这里应该注意，彼得·林奇不是说在基金投资品种之间进行转换，而是通过追加资金的方式来调整组合的配置比例。

法则七：适时投资行业基金

彼得·林奇认为：股票市场上的每个行业都会有轮到它表现的时候。因此，在组合中增加投资时，应该选择近期表现落后于大盘的行业。而那些已经处于衰退谷底，开始显示复苏迹象的行业是最好的选择。

所谓行业基金，是指投资范围限定在某个行业的上市公司的基金。例如，博时基金公司旗下博时产业基金，就是以第三产业为投资对象的行业基金。

第四章
新基民买卖基金技巧

不进行研究的投资，就像打扑克从不看牌一样，必然失败。

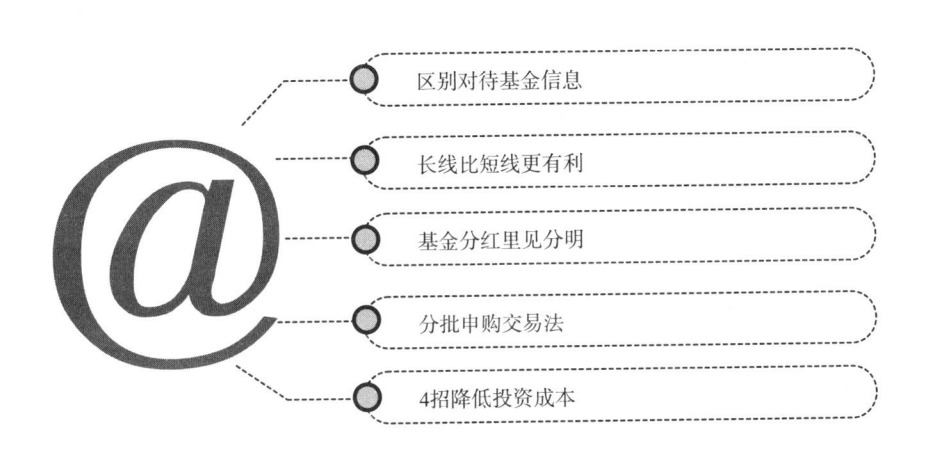

——彼得·林奇

- 区别对待基金信息
- 长线比短线更有利
- 基金分红里见分明
- 分批申购交易法
- 4招降低投资成本

第一节　区别对待基金信息

基民在市场上会看到关于基金的各种信息。其中有专业性很强的基金年报，也有水分较大的基金宣传资料。如何看懂基金年报、又怎样才能挤干基金宣传资料中的水分，是每个新基民必须解决的问题。

1. 不同类公告区别对待

基金公告是指基金管理公司在特定时间向所有投资者揭示的各种重要信息。对于普通基民，基金公告是获取基金相关信息最重要的途径。根据用途不同，基金公告主要有招募说明书、上市公告书、定期公告、临时公告、澄清公告5种。如图4-1所示，通过基金公司网站或者一些财经网站的基金频道，投资者可以查询到一只基金的各种公告。

基金公告						其他基金公告查询：请输入基金代码、名称或简拼	
全部公告	发行运作	分红送配	定期报告	人事调整	基金销售	其他公告	
标题						公告类型	公告日期
华夏大盘精选证券投资基金基金产品资料概要						发行运作	2020-08-28
华夏大盘精选证券投资基金招募说明书(更新)摘要						发行运作	2019-10-21
华夏大盘精选证券投资基金招募说明书(更新)						发行运作	2019-10-21
华夏大盘精选证券投资基金基金合同						发行运作	2019-10-21
华夏大盘精选证券投资基金招募说明书(更新)摘要2019年第2号						发行运作	2019-09-20
华夏大盘精选证券投资基金招募说明书(更新)2019年第2号						发行运作	2019-09-20
华夏大盘精选证券投资基金招募说明书更新(2019年第1次)						发行运作	2019-03-28
华夏大盘精选证券投资基金招募说明书(更新)摘要2019年第1号						发行运作	2019-03-28

图4-1　华夏大盘精选基金基金公告

(1)招募说明书

招募说明书是由基金发起人编制并向投资人提供的经国家有关部门认可的一项法律性文件。

①公告时间。基金公司在募集资金时,会编制招募说明书并予以公告。因为开放式发行完成后也会一直募集资金,这段时间基金的相关信息可能会发生变化。所以开放式基金会每隔6个月更新一次招募说明书,为投资者提供最新的消息。

②公告目的。基金公司发布招募说明书,可以帮助投资者了解一些重大信息,更从容地做出判断,投资者通过招募说明书就能了解到投资基金可能获得的收益及风险。

③公告内容。在基金招募说明书中披露了各种对投资者判断有重大影响的信息,其中包括:管理人情况、托管人情况、基金的销售渠道、申购和赎回的方式、价格、基金收取的各类费用种类和比率、基金的投资目标、基金的会计核算原则、收益分配方式等。

(2)上市公告书

上市公告书是基金公司于基金发行前,向公众公告发行与上市有关事项的信息披露文件。

①公告时间。封闭式基金一旦获准在证券交易所上市交易,基金管理公司和托管银行就会一同编制一份上市公告书,并且在基金上市前的两个工作日内,将这份上市公告书刊登在证监会指定的全国性报刊上。

②公告目的。上市公告书是封闭式基金在证券交易所上市发布的公告。基金公司发布上市公告书的目的,是为了让投资者在二级市场上买卖基金时能了解更多信息,更好地做出决策。

③公告内容。封闭式基金的上市公告书中包括各种能对二级市场投资者产生重大影响的信息。其中的具体内容有:基金简称、交易代码、基金份额总额、基金份额净值、上市交易的基金份额、上市交易的证券交易所、开始上市交易的日期、基金管理人、基金托管人、上市推荐人等。

（3）定期公告

基金定期公告是基金公司在每年的固定时间内，向投资者披露基金在过去一段时间的经营成果。基金的定期公告包括两大类，一类是披露综合信息的年报、年中报、季报，另一类是披露特定信息的投资组合公告和资产净值公告。具体公告形式如表4-1所示。

表4-1　基金定期公告

年报	➢ 公告时间 根据规定，基金管理人要在每年结束后的90个工作日内发布上年年报。因此每年3月~4月都是基金年报的集中发布期。 ➢ 公告目的 基金年度报告是基金公司对过去一年基金运作的回顾和总结，从整体上反映基金一年中的操作策略及经营业绩情况。投资者通过年报可以了解基金在过去一年中的运作情况，并对基金未来的操作策略做出判断。
年中报	➢ 公告时间 根据规定，基金管理公司要在每年上半年结束后的60个工作日内发布年中报。因此每年8月是基金年中报的集中发布期。 ➢ 公告目的 年中报是基金公司对上半年基金运作的回顾和总结，其内容、用途都与基金年报类似。
季报	➢ 公告时间 基金公司会在每个季度结束后的15个工作日内发布季报，公告时间都集中在每年1月、4月、7月、10月的中上旬。 ➢ 公告目的 在季度报告中基金公司公告的内容要少于年报和半年报，只是对基金在3个月内运行状况的简要汇报。
投资组合公告	➢ 公告时间 多数基金的投资组合公告会每隔3个月与基金季报一起发布，ETF基金会每天公布投资组合。 ➢ 公告目的 基金公司定期公布的投资组合可以使投资者清楚地了解基金资产投向，方便分析基金的投资风格变化。

续表

资产净值公告	➢ 公告时间 基金总资产净值每月至少公告一次，单位基金资产净值会定期公告。封闭式基金会在每周六公布前一日单位基金资产净值；开放式基金的基金资产净值会每日公告；ETF和指数型LOF会在交易时间内实时公布单位基金资产净值。 ➢ 公告目的 基金资产净值公告是基金管理公司对基金总资产净值和每单位基金资产净值做出的披露，投资者可以通过基金资产净值了解基金的含金量。 开放式基金以单位基金资产净值作为场外交易申购、赎回价格；封闭式基金、LOF、ETF在二级市场交易时的交易价格都与单位基金资产净值有很大关系。

（4）临时公告

临时公告是指基金公司就一些重大事件，向投资者不定期发布的公告。

①公告时间。基金公司应当在重大事件发生的2日内编制并披露临时报告。

②公告目的。当基金公司出现重大事件时，为了使投资者能够及时调整投资策略，基金公司应该及时发布临时报告，对重大事件的相关信息进行披露。

③公告内容。国内的基金信息披露法规对事件的"重大性"采取比较灵活的界定标准。所有影响投资者决策或者影响证券市场价格的事件均是基金公司应该披露的重大事件。如果某条消息可能对基金份额持有人权益或者基金份额的价格产生重大影响，那么这条消息就是重大信息，消息中描述的事件也就是重大事件。这些重大事件可以概括为下图4-2中的几条。

（5）澄清公告

澄清公告是指当市场上出现各种留言、猜测时，基金公司为了澄清这些事项而发布的公告。

> ◇ 基金管理公司召开基金持有人大会；
> ◇ 基金管理公司提前终止基金合同；
> ◇ 基金管理公司延长基金合同期限；
> ◇ 基金管理公司转换基金运作方式；
> ◇ 基金管理公司或托管银行出现变动；
> ◇ 基金管理公司的董事长、总经理及其他高级管理人员、基金经理和基金托管人的基金托管部门负责人出现变动；
> ◇ 涉及基金管理人、基金财产、基金托管业务的诉讼；
> ◇ 基金份额净值计价错误达基金份额净值的0.5%；
> ◇ 开放式基金发生巨额赎回并延期支付。

图4-2　基金公司应该披露的重大事件

①公告时间。基金市场上经常会出现各种谣言、猜测，这类消息有的在基民之间流传，有的还会被公共媒体传播。这些小道消息一旦影响到投资者的决策时，基金管理公司就会立即发布澄清公告给予澄清。

②公告目的。基金公司发布澄清公告是为了避免投资者受到谣言、猜测等因素的影响。

③公告内容。澄清公告中应该包括各种谣言、猜测的内容、这些内容是否属实及其可能对市场造成的影响等内容。

2. 阅读年报的6大技巧

在基金公司提供的众多公告中，年报是信息量最大的，也是最复杂的。其他的各种定期、不定期公告都与年报有相通之处。只要读懂了年报，投资者再看到其他报告时就会觉得十分简单了。对投资者来说，阅读年报有两大好处。

第一，仔细阅读基金年报，投资者可以了解到比季报和半年报更多的信息。例如，在季报中只披露基金投资组合中的前10大重仓股票明细和前5大重仓债券明细，而在基金年报中会披露投资组合中的所有股票明细和债券明细。再比如，在基金半年报只披露上半年的数据和财务指标，但基金年报提供了最近三年的主要数据和财务指标。

第二，通过阅读年报投资者可以分析基金的盈利情况，找到业绩良好的基金。因此基金年报对多数投资者来说都是最重要的参考资料。有很多基民在操作时总感觉对基金品种不够了解，无法从容做出决策。这主要是因为基民无法准确捕捉到基金年报中的有效信息，获取最具价值的内容。

虽然基金年报十分重要，但是面对几十页的资料和众多专业术语，多数基民都会感到无从下手。其实，对于时间、精力和专业知识都不富裕的普通基民，只要能掌握6大技巧，就可以轻松阅读年报，找出年报中最有用的信息，如图4-3所示。

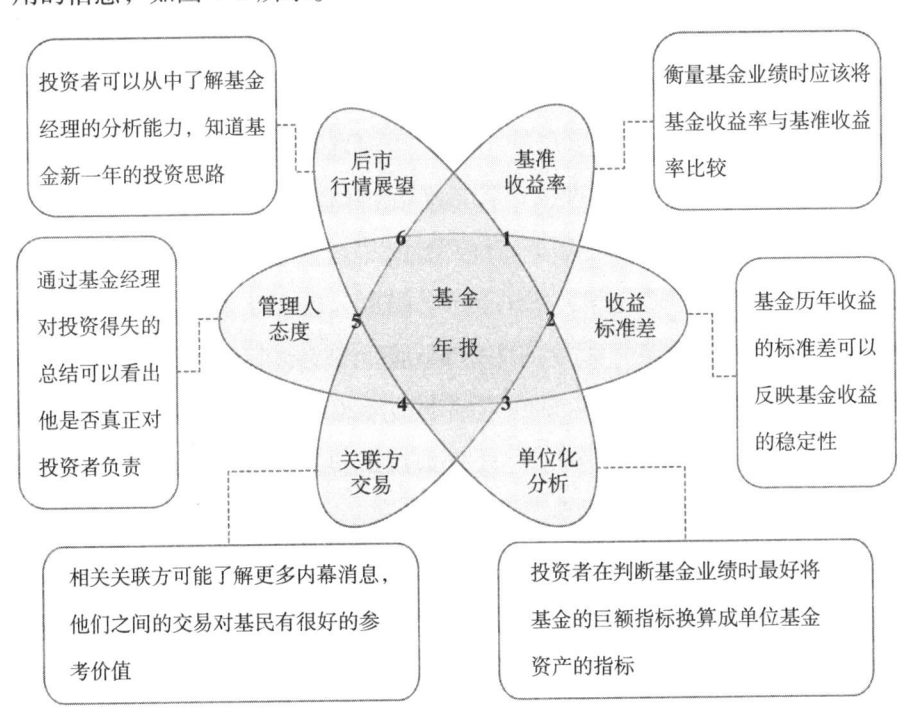

图4-3　阅读基金年报6大技巧

（1）基准收益率

基民在衡量基金净值增长率的高低时，需要将实际增长率与业绩比较基准相比较。在基金的基本资料中可以找到"业绩比较基准"。

许多基金公司在年报中喜欢将基金净值增长率与一些没有可比性的指数相比较，从而误导投资者。这种现象在大盘持续下跌的熊市行情中特别突出。例如，某只债券型基金在2018年亏损了10%。该基金公司却强调自己的业绩强于同期上证指数24.59%的跌幅，这显然是不合理的。

基民应该知道，债券型基金的资产只有很少一部分投资股票市场，另外还有大量资产投资无风险的债券和货币市场工具。因此，在2018年股市持续下跌的行情中，债券型基金的跌幅小于指数是十分正常的事。而且在大盘上涨过程中，这类基金的上涨幅度也会弱于大盘。因此，在熊市行情中，混合型基金强调自己的业绩优于大盘有一定误导基民的嫌疑。

基民在衡量基金净值增长率时，应该参考的指标是业绩比较基准。每只基金都有自己的业绩比较基准，这可以认为是基金公司给自己设定的投资目标。

假设上面那只基金的业绩比较基准由15%的沪深300指数（2018年下跌25.58%）、80%的上证国债指数（2018年上涨5.57%）和5%定期存款利率（一年期定存利率1.95%）组成。按此计算出来的这只基金在2018年基准收益率为亏损7.17%（=25.58%×15%+5.57%×80%+1.95%×5%）。实际上基金的亏损幅度已经超过了基准收益率。像这样的基金公司不仅管理能力较差，还掩饰自己的失误，投资者在选择时应该谨慎。

再假设另一只基金同样在2018年亏损10%。但这是一只纯股票型基金，业绩比较基准为95%的沪深300指数和5%的定期存款利率。按这样计算下来的业绩比较基准为亏损24%（=25.58%×95%+1.95%×5%）。基金收益跑赢了自己的业绩比较基准。基金虽然在熊市中大幅亏损，可是一旦回到牛市行情中，基金公司就有希望为基民挽回这部分损失。

通过上边的两个例子对比基民可以看出，阅读基金年报时一定不能被基金公司误导，盲目地把基金业绩与大盘指数比较。业绩比较基准才是考察基金真正盈利能力的指标。

（2）收益标准差

一只基金在一定期限内净值增长率的标准差，可以作为基民衡量基金净值波动幅度的指标。净值增长率反映的是基金盈利能力，而标准差则反映这种盈利能力的稳定性。基民可以通过一些分析网站来了解基金的收益标准差。如图4-4、图4-5所示。

风险评估	三年	三年评价	五年	五年评价	十年	十年评价
平均回报（%）	-	-	2.80	-	-	-
标准差（%）	22.17	-	22.68	-	23.15	-
晨星风险系数	11.65	-	14.27	-	15.37	-
夏普比率	0.87	-	0.77	-	0.50	-

2020-08-31

图4-4　华夏大盘精选混合基金标准差

风险评估	三年	三年评价	五年	五年评价	十年	十年评价
平均回报（%）	-	-	2.21	-	0.00	-
标准差（%）	16.69	-	17.82	-	19.30	-
晨星风险系数	8.79	-	12.52	-	12.92	-
夏普比率	0.65	-	0.33	-	0.30	-

2020-08-31

图4-5　华夏成长混合基金标准差

通过上面图中的数据，先不论基金的盈利能力如何，我们可以得出一个结论：从基金盈利能力的稳定性方面考虑，华夏成长混合基金要强于华夏大盘精选基金。

通过相似基金之间的标准差对比，基民能够很容易地比较出各基金的稳定性。标准差越低，代表基金净值的波动越小，基金表现越稳定。相反，标准差越大，说明基金净值波动越大。如果一只基金净值的波动幅度明显高于其他基金品种，基民就应该仔细分析造成这种波动的原因，究竟是由于基金经理个人能力的差异、基金投资策略的差异、还是其他方面的原因。

基金的高收益率和低标准差代表两个不同的投资方向。追求高收益的基金需要偏重于高收益、高风险的投资品种，追求低标准差的基金则需要寻找收益稳定的品种。在市场上很难有基金可以做到两全其美。基民是追求高收益率还是低标准差，需要根据自己的投资目的来定。

（3）单位化分析

因为基金的资产规模都十分庞大，基民很难对巨大的数字产生具体的认识，看不清基金公司的实际经营状况。基民在分析基金业绩时可以将各种财务资料或会计项目的数字换算成单位数字。利用单位数字，基民可以更直观地看出公司的运营情况。

例如，某基金共有3亿基金单位，在年报中显示上年度总投资收益是26400万。投资者对3亿和26400万这样的天文数字很难有具体的概念。但如果换算成每基金单位投资收益0.88元，基民看起来就十分直观了。

把基金收益换算为每基金单位收益，除了能方便地判断基金的盈利情况变化，还可以在不同的基金品种间做横向比较。例如，某基金上年度盈利23600万，看起来不如上边例子的26400万，但如果这只基金只有2亿基金单位，那每单位就有1.18元的收益。如果这只基金每单位净值大致相等，二者盈利能力高低马上就能分出来了。

（4）关联方交易

关联方包括基金公司股东、股东关联企业和基金公司员工等，这些关联方买卖基金的情况会被基金公司以公告形式发布。

与普通投资者相比，关联方可以获得更多的内幕消息，针对性地选择基金公司内的龙头基金品种进行投资。在出现风险时，关联方还能先知先觉，提前赎回基金。普通基民如果关注基金公司关联方的交易信息，捕捉到关联方的操作思路，就可以跟随它们操作，弥补自己在消息方面的不足。

例如，基金公司为了培养自己的金牌产品，会将最好的基金经理、最优秀的调研团队重点配置在少数基金上。这些被优待的基金就是基金公司的龙头品种。普通基民无法知道哪些是被优待的龙头基金，但基金公司的关联方却了解这些信息。关联方选择买入的基金品种都有出众的实力。普通基金只要关注关联方的交易情况，就可以知道哪只基金是真正的龙头基金，更有针对性地买入。

（5）管理人态度

通过基金经理对过去一短时间内投资策略和业绩表现的说明，基民可以看出基金经理是否真的对投资者负责。

基金是投资者委托基金经理进行投资的理财品种。基金经理的操作直接决定了投资者的收益。如果基金经理的态度有问题，基民就应该认真考虑是不是可以放心地把资金交给他管理。

例如，在2018年股票市场持续下跌的行情中，所有股票型基金和偏股型的混合型基金均出现了不同程度的亏损，这是不可避免的。但是在同样的亏损面前，不同基金经理的表现有很大不同。一些基金经理能够抱着对投资者负责的态度，在年报中认真总结过去一年的运作失误，从中吸取教训。这样的经理即使操作失误也是可以原谅的。但是有少数基金经理文过饰非，单纯以金融危机为借口，赔钱了还总强调自己决策正确。这种基金经理的态度就值得怀疑了。

（6）后市行情展望

基金经理在基金年报中会对宏观经济、证券市场和各行业走势做出展望。投资者可以从中看到基金管理人对于经济和股市的判断，了解基金经理在未来一年的投资思路。

在相同的投资环境下，不同基金经理会从不同的角度出发，对行情做出判断。虽然他们看问题的方法都很有道理，但对后市的判断可能出现分歧。有的经理看涨，有的经理就可能看跌；有的经理看好大盘蓝筹股，有的经理就可能就看好小盘成长股。投资者可以在众多基金经理中找到与自己想法类似的，将资金交给一个与自己志同道合的基金经理去打理。

有的基民可能对宏观经济理解得不多，没有自己明确的看法。这样的基民可以翻阅基金过去几年的报告，看看基金经理在过去几年里有几次推算对了行情，看准了强势板块。用这样的方法，没有多少专业知识的基民也能轻易判断出基金经理的能力，最后决定把自己的钱交给他们去打理。

3. 剔除宣传资料的水分

除了基金公告，基民在选择基金时还有一个重要的信息来源，就是基金宣传资料。基民在银行或者其他代销网点查看基金信息时，往往能找到很多花花绿绿的宣传手册，其中的内容会让基民感到无从下手。

基民看基金宣传资料也要有一定的技术。虽然这些资料在描述时偶尔会有一些夸大、误导成分，但在几个方面是十分重要、并且绝对不会掺假的。这部分内容是基民阅读基金宣传资料时必须重点了解的对象。

（1）基金品种

选择适合自己的基金品种是选择基金的第一步，也是阅读基金宣传资料时应该首先关注的目标。如果一只基金的投资品种与基民自身的投资取向不符，那就不在考虑的范围之内，可以直接略过。

很多基金的名称中都包括基金品种。例如，富国天益价值股票型基金、银河收益债券型基金。但也有一部分基金名称中的基金品种不明确。这时投资者可以参考基金的投资标的，也就是股票、债券、货币市场工具在投资组合中所占的比重。例如，"股票投资占总资产的80%～95%，现金不低于总资产的5%"这只肯定是股票型基金；而"债券占总资产的80%～95%，现金不低于总资产的5%"这类就是债券型基金。

（2）跑赢大盘

在基金宣传材料中，经常会出现基金与大盘走势比较图。通过基金走势和大盘比较，基金公司会得出基金业绩跑赢大盘的结论。基民在阅读时，应该注意以下几点。

一是，基民应该重点考虑的是基金的长期业绩。这类资料应该是从基金成立日至今的完整图表。如果其中只给出一年甚至几个月内的业绩表现，很可能是基金公司在宣传时故意选取基金业绩最佳的一段时间，这类资料对基民并没有太大参考价值。

二是，基民应该多考虑基金风险。在参考这类资料时，不仅要看基金在上涨时涨了多少，还应该看基金下跌时跌了多少。如果基金业绩的波动幅度比大盘剧烈，说明基金的风险较大，基民在追求较高收益的同时也要承担更多的风险。

三是，并不是所有基金都适合与大盘比较。基金业绩与基金的业绩比较基准相对比才是最合适的。例如，某混合型基金的业绩比较基准是50%的沪深300指数和50%的上证国债指数。在2018年，沪深300指数下跌25.58%，上证国债指数上涨5.57%，按此计算该基金的基准收益率约为下跌15.575%。也就是说，这只基金的亏损如果超过15.575%，其业绩就没有达标。

（3）风险系数

风险系数是将基金风险量化评价的指标，通常用来衡量风险系数的3个指标是：标准差、β系数和夏普系数。基金资料中经常出现这三个指标，基民需要简单地了解。

①标准差。标准差前面已经有所介绍，它衡量基金收益水平的波动程度，是衡量基金风险时最常用的指标。标准差越大，表示基金收益的波动程度越大，基金风险也就越大。如果一个投资品种的收益率是一直不变的，那它的标准差为0，投资风险也就是最小的。

②β系数。β系数（贝塔系数）表示基金报酬率相对于整个市场的波动程度，有下面近似的计算公式：

市场整体波动幅度 × 基金的β值 = 基金波动幅度

按照这个公式，当β=1时，表示基金的波动与整个市场的波动完全相同。当β<1时，表示基金波动小于市场的波动幅度；β>1时，表示基金波动幅度大于市场波动幅度。例如，当β=1，市场上涨10%时，基金净值可能上涨10%；市场下跌10%时，基金净值也可能下跌10%。当

β=1.5 时，如果市场上涨 10%，基金净值就可能上涨 15%；市场下跌 10%，基金净值也就可能下跌 15%。当 β=-1 时，如果市场上涨 10%，基金净值反而可能下跌 10%。β 值表示的整个市场与个别基金之间的变动关系如表 4-2 所示。

表4-2　β值表示整个市场与个别基金之间的变动关系

	基金 β 值 =-1.1	基金 β 值 =-1	基金 β 值 =0	基金 β 值 =1	基金 β 值 =1.1
市场↗10%	基金↘11%	基金↘10%	基金不涨不跌	基金↗10%	基金↗11%
市场↘10%	基金↗11%	基金↗10%		基金↘10%	基金↘11%

③夏普系数。如果两只基金的风险不同，那它们的收益就不能放在一起比较。例如，基民不能将年收益 50% 的股票型基金和年收益 5% 的货币市场基金相比较。基民在选择混合型基金时经常会因此产生困惑。每只混合型基金投资股票和债券的比例都不完全相同，因此风险也不相同，很难用基金收益进行比较。夏普系数就是为了解决这个问题而出现的。

夏普系数反映了单位风险基金净值增长率超过无风险收益率的程度。基民可以将它理解为：如果一只基金在无风险状态运作，其盈利能力有多少。计算公式为：

夏普系数 =（基金净值增长率的平均值 - 无风险利率）÷ 基金净值增长率的标准差

如果夏普系数为正值，说明在衡量期内基金的平均净值增长率超过了无风险利率，也就是同期银行存款利率。那么投资基金就比银行存款好，这种投资是有价值的。

通过夏普系数的计算，可以把不同的基金都假设成没有风险的。这样，高夏普系数的基金所能获得的收益率要高于低夏普系数的基金。

例如，有两只基金 A 和 B，A 的年平均净值增长率为 20%，标准差为

10%，B 的年平均净值增长率为 15%，标准差为 5%，再假设平均无风险利率为 5%。在这种情况下基民可能难以判断 A 好还是 B 好，因为 A 的收益率高、B 的风险低。但通过计算夏普系数，可以知道 A 和 B 的夏普系数分别为 1.5 和 2。这就是说如果两只基金不冒任何风险，B 的收益率要强于 A，所以理智的投资者应该偏向于 B。

第二节　长线比短线更有利

基金不同于股票，基金净值很少会在短期内大幅变化，因此基民在买卖基金时最好不要频繁短线进出。此外，开放式基金在交易时的手续费也要高于股票交易的印花税和手续费，频繁交易会带来很高的成本。

1. 长期持有才能稳定获利

有些基民在交易基金时喜欢做波段操作，认为行情下跌时会赎回一部分基金，等股指见底时再买入。他们认为，通过这样的低买高卖操作，可以获得更多利润。

但实际上，大多数基民都不具备对行情准确的判断力。一般情况下，多数基民在股指下跌很长一段时间之后才判断出行情开始调整。等到基民能够坚决卖出基金的时候，往往基金净值已经快跌到底了，这样波段操作的收益可能还不如一直持有。

因此，基民如果对自己的判断力没有十足的把握，就不需要进行波段操作。只要选择好基金品种，确定把资金交给一位负责任的基金公司和基金经理，就可以放心地长期持有，不必去过分关心基金净值和股市的涨跌。

为了保持一个稳定的心态，在长期投资的过程中能够稳定获利，基民应该注意以下3点。

（1）坚持关注几个月

在基民买入基金的最初几个月，需要经常观察基金净值的变化趋势，并且将自己的基金与其他相似类型的基金进行比较。这时基民要做的仅仅是关注，不要因为基金短暂下跌就马上赎回。

基民如果在观察2~3个月后仍然认为这只基金不值得继续持有，可以换一只基金继续投资。更换基金时首先应该考虑是否可以转换成同一公司的其他基金，如果没有合适的再考虑赎回后再申购其他公司的基金。这样做是为了节省基金交易手续费。

如果基民观察一只基金2~3个月的表现后，感觉基金操作与自己的预期相符，认为这只基金值得投资，就可以抱定长期投资的心态，不必再过分去关心基金净值变动。毕竟购买基金有一个很重要的目的就是为了委托理财，不必在这上面耗费过多的精力。

（2）产品重于大盘

在投资股票型基金时，仔细分析基金品种比研究大盘走势更重要。股票型基金净值与大盘指数有很强的相关性。许多基民在投资过程中会投入大量精力分析大盘变动，却疏忽了对基金投资策略、基金公司和基金经理等方面的考察。这种投资方法在短期内可能会取得一定的收益。但是从长期看，决定基金收益能力的根本因素还是基金公司的管理能力和基金经理的投资策略。基民在投资时只要选择适合的基金品种、有保障的基金公司和负责任的基金经理，就可以放心地长期持有。

（3）构建投资组合

400年前，西班牙人塞万提斯在他的《堂吉·诃德》中写道："不要把所有的鸡蛋放在一个篮子里。"这句话现在成了投资学的经典语录。

基民在长期持有基金的过程中会遇到各种不同的行情。要想保证自己在各种行情中都能稳定获利，就需要构建一个投资组合。在投资组合中应该包括股票型基金、债券型基金、货币市场基金等多种基金品种。各种投资品种在组合中所占的比例应该根据投资者自己的投资目的来定。一个良好的投资组合能够保证投资者在有效控制风险的基础上得到自己的预期收益。

如果投资者想在长期投资的过程中最大限度地保证自己的资本安全，需要为自己构建一个涵盖多种投资产品的资产组合。在投资学中有一个著名的永久资产组合策略。通过这个策略，投资者可以通过组合投资四种金融资产，确保自己在任何情况下都能获利。如图4-6所示。

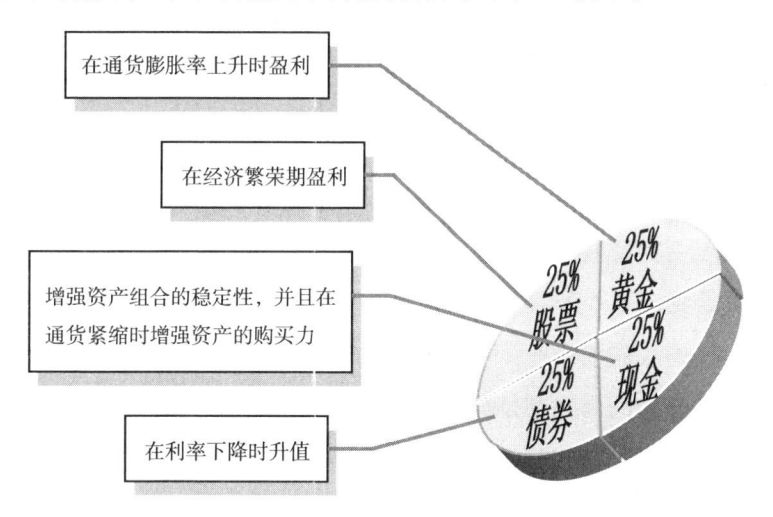

图4-6 永久资产组合策略

按照"永久资产组合策略"的理论，如果将资金平均分布在股票、黄金、债券、现金四种资产中，可以保证在任何经济环境下都至少有一部分资产在升值。这些资产所创造的利润，完全能够抵消其他资产可能的损失之外，还可以有一定盈余。如果采用了这种资产组合策略，投资者只需在每年的固定时间调整一次各类资产在投资组合中的比重，其余时间都不必费心照管自己的投资。

永久资产组合策略的模型是在许多经济学假设的前提下建立的，具体操作时会有一定风险，投资者最好不要死板去模仿。但是这个模型提供了很好的组合投资思路，基民要想建立一个理想的投资组合，必须保证这个组合在各种行情中都能回避风险、稳定获利。

例如，A基民购买了4只基金构建投资组合，其中包括1只价值型股票基金、1只成长型股票基金、1只指数型基金和1只债券型基金。B基民同样购买4只基金构建投资组合，但这4只基金都属于成长型股票基金。很明显，A基民的投资组合对风险的分散程度要强于B基民的投资组合。如果成长类股票表现不佳，B基民的4只基金都会出现损失，而A基民只有1只基金会出现损失，另外3只基金还有盈利的可能。

2. 先设定目标再择机卖出

基民持有基金一段时间后，基金的相关情况可能出现变化，比如收益率达到基民投资的预期水平、基金经理变动、基金业绩下滑等。这时基民需要考虑是否需要赎回基金。下面列出了基金的6个卖出条件。当基民持有基金时遇到以下6种情况，最好果断赎回基金。

（1）达到收益预期

基民买基金的目的都是为了盈利。在投资基金之前，每个基民都应该为自己设定一个预期收益。一旦达到预期收益，基民要立即赎回基金，获得实际收益。投资基金和炒股票一样，即使基金净值涨得再高，只要不赎回就不能算是真正赚钱。

例如，在投资股票型基金时，基民可以为自己制定一个标准：当指数达到5000点就赎回，或者当基金盈利50%时也要赎回。如果某一天这两种情况出现任意一种，基民都应该果断赎回基金。即使以后指数涨到8000点或者基金净值翻番了，基民也不要觉得可惜，因为自己的投资目标已经达到了，获得了自己需要的收益。

（2）行情判断失误

基民在选择基金时难免会判断失误。在判断失误时，基民应该采取措施，弥补之前的失误，在必要时需要果断卖出基金。

例如，基民认为市场行情即将触底反弹时，买入了一只股票型基金。但是在基民买入基金后，大盘继续下跌，而且在一段时间内没有止跌的可能。这时基民就应该卖出基金，避免继续损失，等行情真正反转时再入市交易。

有的基民在亏损以后不愿意承认自己判断失误，找各种理由说服自己继续投资，最终越亏越多。基民可以利用止损的方法解决这个问题。止损就是每次买入基金的同时都给自己规定一个止损位，一旦基金净值下跌到止损位就坚决卖出。例如，基民在买入一只基金的同时给自己规定一个10%的亏损限制。假设买入时净值是1元，无论在什么情况下，一旦净值跌到0.9元就足以说明这次投资是错误的，基民应该果断赎回，不再给自己找任何理由。

（3）基金策略改变

基金经理在运作基金的过程中会随时调整投资策略，以应对不同的市场环境。如果调整后的基金投资计划已经偏离了基民最初的投资目的，基民应该考虑卖出基金，寻找更合适的投资品种。

例如，基民买入一只基金的目的是为了通过基金投资高成长潜力的小盘股票。但是随着基金规模的增加，基金经理没有足够的精力选择太多的小盘股，而开始不断增加大盘蓝筹股在基金投资组合中的比重。这时基民应该考虑将基金转换成其他的基金品种，以保持自己的投资目的。

（4）业绩长期低于普遍水平

尽管从长期投资的角度考虑，某只基金在短期的业绩低于同类基金并不是大问题。但如果一只基金连续几年的业绩都弱于同类基金的平均水平，说明这只基金在管理上有比较大的问题。基民应该坚决赎回，去更换一只强势基金投资。

另外，如果基金表现好得出乎意料，基民也要考虑卖出一部分，锁定收益，防止暴涨之后出现暴跌。

（5）投资目标改变

所有人买基金的目的都是为了赚钱，但每个人的投资目标各不相同。例如，有的基民购买基金的目标是为了在几年后购置房产；而有的基民是为了筹备子女的教育经费；还有很多基民没有固定目标，只是为了让闲置资金增值。针对不同的投资目标，基民选择的投资品种也应该有所不同。

当投资目标发生变化时，基民的投资策略也应该做出相应调整。例如，某基民在2018年购买了一份基金，目标是在2020年送孩子出国留学。因为这份投资不能承受太大风险，他购买了净值波动不大的债券型基金。但是在2018年底，孩子因为学习成绩优秀，获得了公费留学的名额。这样基民原来的投资目标就改变了。经过考虑，他希望用这部分资金进行投资，追求高回报率。投资目标发生变化，这位基民应该把原来的债券型基金赎回，购买收益率更高的指数型基金或者股票型基金。

（6）承受过多压力

基民在购买基金后如果感到有很大压力，应该将基金赎回，转而投资一个低风险的品种。

例如，有的基民为了购房而投资基金后，天天盯着基金净值的变化。当净值上升时，基民心里高兴地盘算着自己赚到了一套红木家具；当净值下跌时，这位基民便辗转反侧，算计着自己又损失了一套欧洲橱柜。在这种压力下，基民很可能受不了短期的波动而盲目卖出，也可能因为连续的上涨而忽视风险，最终不能自拔。

收益高的基金在运作过程中难免会出现净值的短期波动。如果基民因为购买了基金而背负过大的心理压力，最好尽快卖出基金或者更多地投入低风险、收益稳定的基金品种。

3. 抓住机会亦可短线操作

在购买基金过程中，基民需要缴纳较高的申购、赎回费用，因此并不建议基民通过低买高卖基金品种进行频繁的短线交易。但每一类投资品都存在一定的投资时间和投资空间,在基金投资中也有很多短线操作机会。基民如果对自己的判断有足够信心,不妨试试基金的短线炒作,可以追求一定的价差收益,而且短线操作思路在持有股票型基金时也是十分必要的。

如果大盘已经出现了明显的见顶信号,股价即将加速下跌,基民完全没有必要持仓不动,死守长期投资理念,忍受下跌损失。相反,如果大盘已经触底,出现强烈的上涨信号时,基民也应该适当增加申购金额,追求差价收益。

如图4-7所示,2020年3月,上证指数在下跌过程中获得支撑,即将出现快速上涨行情。相应的,重仓持有股票的基金品种此时也有望见底上涨。投资者此时可以申购博时沪深300指数型基金,谋求短线收益。

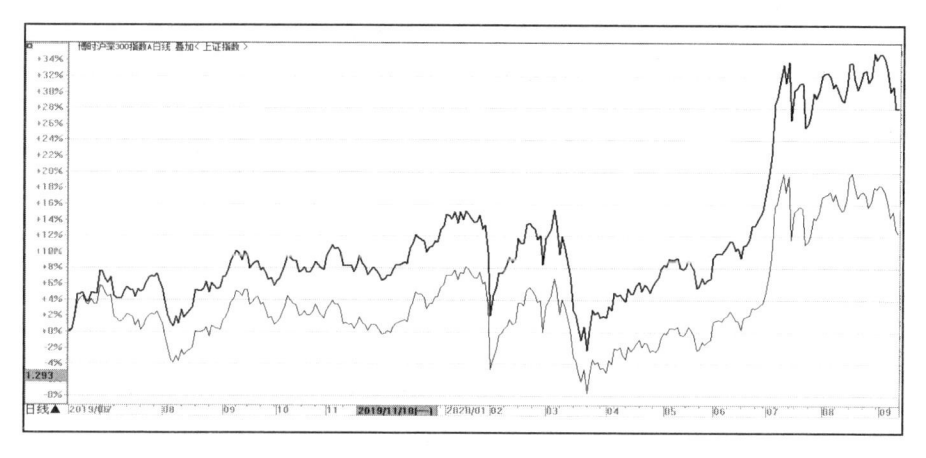

图4-7　博时沪深300和上证指数走势叠加

大盘指数在7月的上涨速度越来越慢,显示出高位盘整的迹象。为了回避风险,此时投资者可以将刚刚申购的基金全部赎回。

实际上,对于基金的这种波段操作与长期持有的策略并不相悖。在波段操作过程中,基民应该把握的是持续几个月的中线波段。如果基民在一年内能跟着股市涨跌做两到三次波段,不但可以规避风险,还能取得比较可观的收益。

另外，为了最大限度地减少交易费用，在波段操作的过程中基民一方面可以尽量购买指数型基金，另一方面也可以充分利用基金转换操作代替申购、赎回。

在行情转弱时将指数型基金转换成债券型基金或者货币市场基金，不仅能节省交易费用，还可以获得债券型基金或者货币市场基金上涨的收益。从长期来看，股票型基金和债券型基金、货币市场基金的净值会有反向变动趋势。

当指数型基金上涨时，往往是国家政策宽松的时候，利率不断降低，这时债券型基金和货币市场基金的收益率都会减少。当股票型基金下跌时，往往是国家政策紧缩的时候，利率不断提高，这时债券型基金和货币市场基金的收益率会不断增加。

基民在预测大盘见顶时，可以将股票型基金转换为债券型基金或者货币市场基金，当大盘复苏后再转换回股票型基金。通过基金转换进行波段操作，不仅能够减少一定的交易费用，还能得到不同基金上涨的额外收益。

第三节　基金分红里见分明

基金分红是指基金将收益的一部分以现金形式派发给投资人。基金的收益包括基金投资所得红利、股息、债券利息、买卖证券差价、银行存款利息以及其他投资收益。这部分收益在分红前是基金单位净值的一部分。

开放式基金在分红时有下面3个条件的限制：

第一，基金当年收益先弥补上一年度亏损后，方可进行当年分红；

第二，基金收益分配后每基金份额净值不能低于面值；

第三，如果基金投资当年出现净亏损，则不进行收益分配。

每只基金的合同和招募说明书都会对基金分红条款进行明确的规定。基民在购买基金之前一定要仔细阅读这部分内容。

1. 分红比例与投资价值

有的基民认为高比例分红的基金一定有更高的投资价值，但事实并非如此。

首先，基金盈利只是影响基金分红的因素之一。当基金盈利时，基金净值会增加，有大量资产供分红使用。但基金分红的高低还要受到管理人分红倾向、市场环境等多个因素的共同影响。

其次，基金是一种长期理财的工具，某时段的运作并不能真实反映基金的整体走势。基金短期的高比例分红也不能证明该基金有长期持续分红的能力。在基金分红时所分配的收益需要在净值中扣除。因此对基民而言，分红并不会增加利润，只是将资金先取出来一部分而已。因此，基民不能简单地认为高比例分红的基金就是好基金，基金分红比例很低也并不一定会损害持有人的利益。

第三，有时候，基金大比例分红反而会对基金盈利能力产生不利的影响。例如，股票型基金大比例分红需要大量抛售股票。在牛市中，股票价格不断上涨。如果基金公司选择在这时大比例分红，会直接影响到基金投资的回报率。因此，对基民来说，牛市中不分红或分红很少的基金更具投资价值。

2. 基金分红与累计净值

基金的单位净值会在基金分红后减少，但累计净值不受分红的影响。基金累计净值与基金净值的差就是基金历年的分红总额：

基金的累计净值 − 基金的基金净值 = 基金历年分红总额

例如，一只新基金在2017年1月成立，成立时的基金净值和累计净值均为1元。

2018年1月,基金第一次分红。假设在这次分红之前基金净值达到了1.5元,因为此前基金没有分过红,这时基金的累计净值也是1.5元。

假设此次分红对每基金单位分0.5元。由于分红后净资产的减少,每基金单位的基金净值也相应减少。不考虑分红当天基金价格波动的话,分红后基金净值变为1.5元－0.5元=1元。累计净值不受影响,仍然为1.5元。两者的差即为本次分红。

假设在这次分红后基金继续上涨,到2019年1月第二次分红前的基金净值已经涨到了2.5元,这时的累计净值也相应地达到3元。再假设第二次分红每基金单位分1.4元。在分红后基金净值会减少1.4元,为1.1元,而累积净值仍然为3元。这两者的差额1.9元即为两次分红之和,也就是基金历史分红总额。而累进净值3元与基金发行时净值1元之间的差额为2元,这也就是基金的历史盈利情况。如表4-3所示。

表4-3 基金净值、累计净值变动

时间	基金净值	累计净值	分红总额	每单位总收益
2017年1月基金成立	1元	1元	-	-
2018年1月分红前	1.5元	1.5元	-	0.5元
2018年1月分红0.5元	1元	1.5元	0.5元	0.5元
2019年1月分红前	2.5元	3元	0.5元	2元
2019年1月分红1.4元	1.1元	3元	1.9元	2元

基民可以发现,基金分红只是羊毛出在羊身上,不会影响基金持有人资产的总价值。假设,有基民在2017年以10000元购入10000份该基金。到2018年1月分红前基金净值达到1.5元,这时他的基金价值达到了15000元,盈利5000元。这时即使获得了10000×0.5=5000元的分红,基金价值也会由15000元变成10000元,一进一出就相当于左手倒右手,

根本没赚到额外的钱。因此，基金分红并不会影响基金持有人资产的总价值。

3. 现金分红与红利再投资

在基金分红时，有现金分红和红利再投资两种方式供基民选择。

如果投资者选择了现金分红方式，可以直接取走现金、落袋为安；如果基民选择红利再投资方式，基金公司会将分红的资金直接转成等值的基金份额并计入投资者的对应账户，类似于"利滚利"的投资方式。

在红利再投资方式下，基金管理公司对分红所得的基金会免收申购费用，但最后赎回时的赎回费是免不了的。现金分红和红利再投资方式的区别主要有表4-4中列出的3点。

表4-4 两种分红方式比较

	红利再投资	现金分红
未来收益不同	红利再投资方式采用复利增值方式，每次的分红可以继续投资，着眼于未来	现金分红是单利增值方式，本金金额固定，每次分红所得仅与分红比例有关
风险不同	在红利再投资方式下投资者需要将分红再次投资与基金市场上，需要承担日后基金净值涨跌的风险	在现金分红方式下投资者可以直接得到现金，相对安全
费用不同	一般情况下，红利再投资方式对分红获得的基金免收申购费	投资者如果要将分红获得的资金再次用于申购基金，需要缴纳一定比例的申购费

这两种分红方式各有利弊。现金分红方式可以让基民获得一定现金，这些现金可以从资金账户中取出，也可以购买其他基金品种；而红利再投资方式则相当于免手续费地为投资者申购了更多基金，可以获得利滚利的收益。

接前面例子中的数据说明。

如果在2018年1月的分红时选择现金分红方式，可在资金账户中得到现金 10000×0.5=5000 元，这时基金账户的价值变为 10000 元，基金账户和资金账户的总价值为 15000 元。如果选择红利再投资方式，可获得基金数量为 5000÷1=5000 份基金，这时基金账户中有 15000 份基金，按每份净值 1 元计算，总价值仍然是 15000 元。

在这时，不同的分红方式并不会影响到基金账户资产的总价值，二者的不同主要通过以后一段时间内基金净值的变化体现出来。

在现金分红方式下，2018 年 1 月分红后基民账户上会有 10000 份基金 +5000 元现金。假设这 5000 元没有被挪作他用，并且基金没有被赎回。到 2019 年 1 月分红前基民的账户上仍然有 10000 份基金 +5000 元现金，但此时基金净值为 2.5 元，账户总价值为 30000 元。

在红利再投资方式下，2018 年 1 月分红后基民账户上会有 15000 份基金，没有现金。到 2019 年 1 月分红前，按照 2.5 元的基金净值，基民的账户价值能够达到 37500 元。比现金分红方式多出 7500 元收益。如图 4-8 所示。

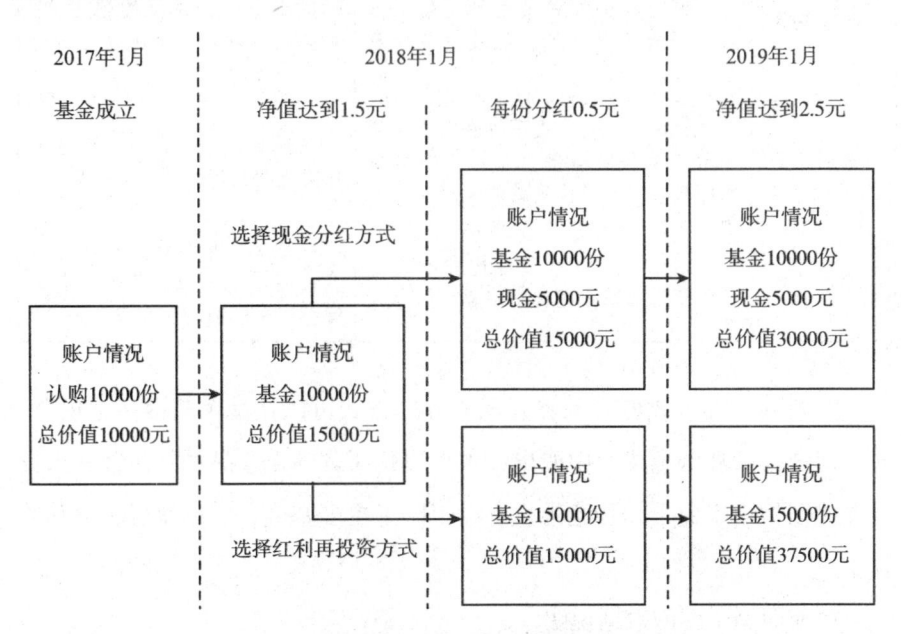

图4-8 现金分红方式和红利再投资方式的差异

基民不能只看到上边的分析就盲目地选择现金分红。上边的分析只建立在基金净值大幅增长的基础上。

如果基金净值在 2019 年不是暴涨 150% 而是缩水 60% 到 0.4 元，这样在现金分红下，账户上可以剩余 9000 元；在红利再投资方式下，账户上只会剩下 6000 元。如图 4-9 所示。

```
2017年1月              2018年1月                              2019年1月
基金成立               净值达到1.5元        每份分红0.5元        净值缩水到0.4元

                                        ┌─ 账户情况 ──┐     ┌─ 账户情况 ──┐
                                        │ 基金10000份 │     │ 基金10000份 │
                          选择现金分红方式 │ 现金5000元  │ ──► │ 现金5000元  │
                        ┌──────────────► │总价值15000元│     │总价值9000元 │
                        │               └─────────────┘     └─────────────┘
┌─ 账户情况 ──┐  ┌─ 账户情况 ──┐
│认购10000份  │  │基金10000份  │
│总价值10000元│─►│总价值15000元│
└─────────────┘  └─────────────┘
                        │               ┌─ 账户情况 ──┐     ┌─ 账户情况 ──┐
                        │               │基金15000份  │     │基金15000份  │
                        └──────────────►│总价值15000元│ ──► │总价值6000元 │
                          选择红利再投资方式└─────────────┘   └─────────────┘
```

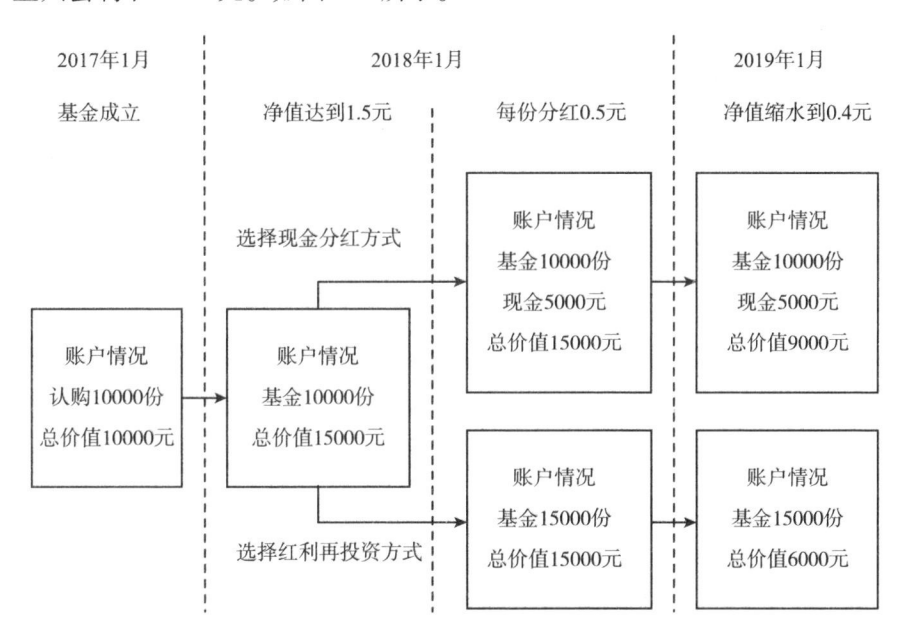

图4-9　现金分红方式和红利再投资方式的差异

从上边的例子中可以看出，在不同的行情中，选择不同的分红方式各有利弊。基民最终选择现金分红还是红利再投资方式，可以从以下 4 个方面入手进行分析。

（1）市场行情

基民在选择分红方式时，首先应该判断当前行情是处于熊市还是牛市。在牛市里，基民应该尽量增加入市资金的比例，这时红利再投资方式是基民的最佳选择。如果不能判断以后的行情，基民最好选择现金分红方式，给自己留下更大的操作余地。如果确定以后是熊市，基民不仅要选择现金分红方式确定收益，还应该赎回部分基金，回避风险。

（2）投资目标

基民应该结合自己的投资目标选择分红方式。

基民选择现金分红方式还是红利再投资方式，在较短的期间内并不会产生太大差别。如果基民追求3年以内的短期投资收益，可以选择现金分红方式。如果基民有3年以上的长期投资计划，可以选择红利再投资方式，追求复利计算的额外收益。

（3）自身精力

对于没有时间和精力频繁选择基金品种的基民，应该选定一个基金品种后坚持长期投资的原则，这时红利再投资方式是最佳选择。如果基民有精力定期对不同基金产品细致地考察，可以选择现金分红方式，将分红所得的现金投向更好的基金品种。

（4）基金表现

如果基金在近期表现不佳，或者基金管理人在近期调整了投资策略，已经不符合基民的投资风格，基民应该选择现金分红方式减少投资，并且适当赎回。如果基金管理人能够保持一贯的投资策略，并且基金业绩也没有出现明显下滑，基民应该坚持长期投资，选择红利再投资的方式。

📖 扩展阅读

复利

复利计算方法是指在计算利息时把上期末的本利和作为下一期的本金，也就是常说的"利滚利"。其计算公式为：

$$S = P \times (1+i)^n$$

其中 S 为投资收益，P 为初始投入金额，i 为年均投资回报率，n 为投资年限。

与复利相对应的是单利投资，也就是在计算利息时仅以初始本金计算，不考虑后来的利息。单利计算公式为：

$S = P \times (1+i) \times n$

对于同样的投资，按复利计算和单利计算的差距差别很大。例如，在初始投资10万元，年均收益率5%，投资30年的情况下，按复利计算的到期本利和为43.2万元，投资收益率332%。如果按单利计算的本利和仅为25万元，投资收益150%。按照这样计算，复利的收益率为单利收益率的两倍。然而复利的优势还不仅如此，投资收益率越高，复利的收益优势就越明显。下表为初始投资100000元，连续投资30年，在不同年收益率情况下，复利和单利收益水平的对比。

复利单利收益对比

年收益率	复利		单利	
	到期本利和（元）	净收益率	到期本利和（元）	净收益率
1%	134784.89	34.78%	130000	30.00%
2%	181136.16	81.14%	160000	60.00%
3%	242726.25	142.73%	190000	90.00%
4%	324339.75	224.34%	220000	120.00%
5%	432194.24	332.19%	250000	150.00%
10%	1744940.23	1644.94%	400000	300.00%
15%	6621177.20	6521.18%	550000.00	450.00%
20%	23737631.38	23637.63%	700000.00	600.00%

> 按照表中的计算，当年收益率为1%时，复利和单利的30年收益率并没有太大差别，年收益5%时复利的净收益率会达到单利的2.2倍；年收益10%时复利的益率会达到单利的5.5倍，而年收益率达到20%时，复利的收益率会达到单利的近40倍。正是由于复利这种扩大效应，爱因斯坦将复利称作是人类已知的第8大奇迹。

第四节　分批申购交易法

基民在购入基金时，为了最大限度地回避风险，可以选择分批买入。分批买入的方法有很多，主要包括金字塔法、成本平均法、价值平均法和定点定额申购几种。

1. 金字塔买入法

这是一种在炒股时常用的分步建仓的方法。如果基民在申购基金时使用这种方法，同样可以达到回避风险的目的。

当基民判断时机成熟，准备申购基金时，可以选择"金字塔法"分步申购。"金字塔法"是指将资金分成不同大小的几份，把这些资金按照从大到小的顺序分步投入到基金中。

例如，首先用1/2的资金申购，等一段时间之后，如果行情发展不如预期，基民就不应该继续追加资金，并选择时机将之前的投资赎回；如果行情发展和自己最初的判断相符，可以继续用剩余资金的1/2、也就是总资金量的1/4买入。按照这样的方法，基民可以在行情发展的过程中不断买入基金，最终完成建仓，如图4-10所示。

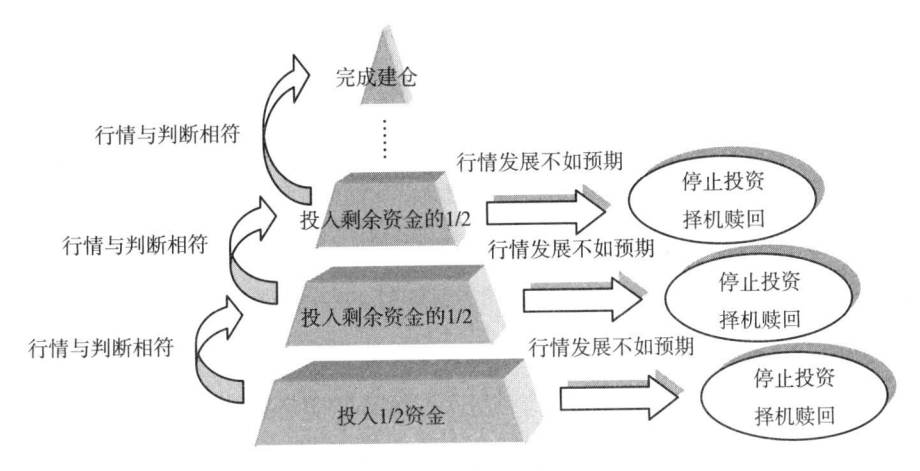

图4-10 金字塔申购法

使用金字塔申购的方法，基民可以将最多的一份资金最早投入到基金中。如果行情判断准确，基民就可以充分享受到行情上涨的收益。万一对行情的判断失误，基民也能及时停止投资，减少损失。

2. 成本平均法和价值平均法

成本平均法和价值平均法是两种从基金定投思路衍生出来的投资方法。

成本投资法与定期定投思路完全相同，投资者在每个月的固定时间以固定的资金投资某一种相同的基金。了解过基金定投的基民应该知道，这样做的最大好处是在净值低时多买入基金，在净值高时少买入基金，最终基民可以通过长期投资的方式降低平均成本。

用成本平均法申购基金虽然不如直接定投基金方便，但是基民可以更加灵活地投资，根据行情变化和自身情况灵活选择申购、赎回的资金比例，不用承担违约风险。

而价值平均法是对成本平均法的进一步改进。这种方法是指基民每次投入的资金量与市价成反比，也就是在市价越低时越增加投入资金；相反，在价格较高时则减少投资，甚至出售一部分资金。这两种投资方法每次需要投入的资金量如图4-11所示。

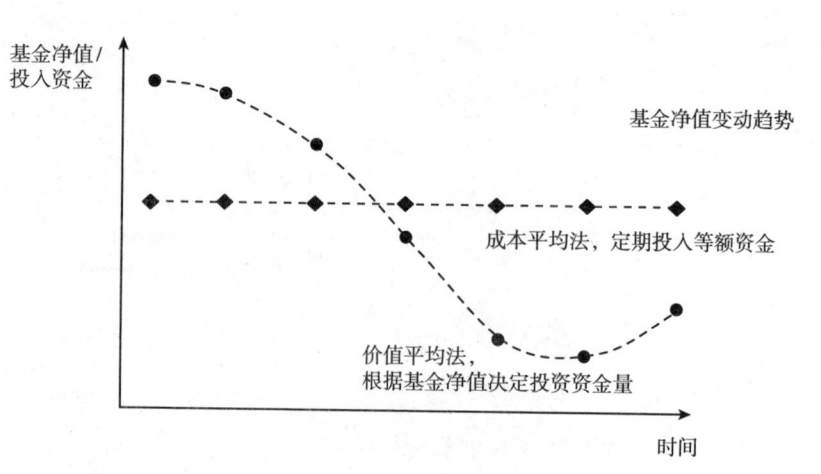

图4-11 成本平均法和价值平均法

第五节 4招降低投资成本

1. 基金转换代替赎回

基民如果在市场行情不好时赎回基金，等待行情转好后再申购，一来一回需要花费不少的手续费。这时，基民可以用基金转换业务节省这部分交易费用。

基金转换是指基民将所购买的基金转换为同一基金公司旗下其他类型基金的一种业务。同一基金公司旗下基金A转换为基金B的费用，要低于先赎回基金A再申购基金B的费用。基民利用基金转换业务可以用比较低的成本规避市场波动带来的风险。例如，在行情不好时，将手中持有的股票型基金A转换为债券型基金B，避免行情下跌造成的损失；当行情转好时，再将基金B转换回基金A，享受行情上涨带来的收益。

基金转换费用包括转出赎回费和申购补差费。当转出基金申购费小于转入基金时，不收取申购补差费。

转出赎回费＝转出基金的赎回费用

申购补差费＝转入基金的申购费用－转出基金的申购费用

例如，华夏基金公司旗下华夏成长混合基金的申购费率为1.5%（前端收费，申购金额小于100万条件下），赎回费率为0.5%，而同为华夏基金公司旗下的华夏债券A申购费率为1.0%（前端收费，申购金额小于100万条件下），赎回费率为0。（引用数据来自华夏基金公司网站，如有变动应以该公司提供数据为准。）

假设有基民持有10万元的华夏成长基金，这时行情开始走弱。基民如果希望规避投资风险，等行情见好时再进行投资，可以选择两种方案。

➢ 方案一

先赎回华夏成长基金，持有现金，等行情转好后再申购华夏成长基金。

在这种方案下，需要缴纳华夏成长型基金的赎回费用和申购费用，总费用为2000元。

➢ 方案二

基金转换的策略，可以先将华夏成长转为华夏债券A，等行情见好后再转换回华夏成长。

基民将华夏成长转为华夏债券A时，因为华夏债券A的申购费用低于华夏成长，基民只需要缴纳华夏成长的赎回费用，不需要缴纳申购补差费。按此计算的费率为0.5%，也就是500元。当行情转好后，基民可以将华夏债券A转为华夏成长。按照华夏证券公司规定，将华夏债券A转为华夏成长时需缴纳0.5%的申购补差费用，而华夏债券A没有赎回费用，按此计算的转换费用为500元。两次转换的总费用为1000元。如图4-12所示。

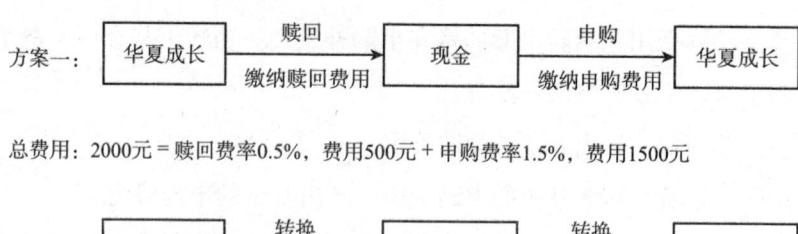

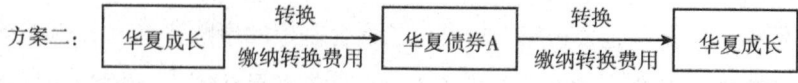

方案一：华夏成长 —赎回，缴纳赎回费用→ 现金 —申购，缴纳申购费用→ 华夏成长

总费用：2000元＝赎回费率0.5%，费用500元＋申购费率1.5%，费用1500元

方案二：华夏成长 —转换，缴纳转换费用→ 华夏债券A —转换，缴纳转换费用→ 华夏成长

总费用：1000元＝转出赎回费率0.5%，费用500元 ＋ 转出赎回费为0
　　　　　　　　申购补差费为0　　　　　　　　　　申购补差费率0.5%，费用500元

图4-12　赎回和转换的费用差异

按照这样计算，投资者如果利用基金转换的投资策略，可以比先赎回后再申购的方法节省1000元的申购、赎回费用。另外，基民在基金转换时，还能得到持有华夏债券A期间的增值收益；而如果赎回基金，只能得到持有现金期间不多的利息收入。

基金转换只能在同一基金公司旗下的不同基金品种间进行。因此，基民在选择基金公司时就应该考虑到转换的因素，检查基金公司旗下的产品是否齐全，是否能够方便地将基金转换为风险类型不同的其他优质基金。

2. 前端收费和后端收费

基民在支付一些基金的申购费用时，可以选择两种不同的支付方式：前端收费或后端收费。前端收费是指在申购基金时便支付申购费用，后端收费是指在购买基金时不缴纳相关费用，等赎回时再与赎回费一起一次性付清。

（1）收费方式选择

华夏基金公司旗下的华夏大盘精选混合型基金有前端收费和后端收费两种支付方式，如表4-5所示。

如果选择前端申购方式，基民需要在申购的时缴纳1.0%～1.5%不等的申购费用。基民具体适用哪档费率要按照自己的申购规模来定。

如果选择后端收费方式，基民需要缴纳最高1.8%的申购费用。基民具体适用哪档费率要按照自己的持有时间来定，持有期超过8年后不用再缴纳申购费。

表4-5 华夏大盘精选基金申购费收费标准

前端收费		后端收费	
申购金额	申购费率	持有期	申购费率
M＜100万	1.5%	T＜1年	1.8%
		1年≤T＜2年	1.5%
100万≤M＜500万	1.2%	2年≤T＜3年	1.2%
		3年≤T＜4年	1.0%
M≥500万	1.0%	4年≤T＜8年	0.5%
		T≥8年	0

通过这个收费标准可以看出，基金公司为基民提供后端收费服务的目的是为了鼓励基民长期持有基金。小基民只要坚持持有基金满3年，就可以与申购金额超过500万的"大户"享受同等费率水平，一旦持有期超过8年，还能免收申购费用。相反，如果基民在一年内赎回基金，则需要缴纳1.8%的高费率。这个费率比前端收费的最高费率还要高，有惩罚短期投资的性质。

为此，如果基民相信自己能够坚持长期投资的理念，可以选择后端收费方式减少投资费用。如果基民喜欢短线进出，持有期限较短，应该选择前端收费方式。对于没有经验的新基民，很难一下就选到适合自己的基金品种，往往要经过一个频繁买卖的过程，这时最好选前端申购方式。

（2）收费方式ABC

根据缴费方式的不同，部分债券型基金分为A、B、C三类，还有一部分债券型基分为A、B两类。如果基金包括A、B、C三类，一般情况

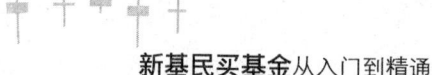

下 A 类基金采用前端收费方式；B 类基金采用后端收费方式；C 类基金采用销售服务费的收费方式。如果基金只包括 A、B 两类，一般情况下 A 类基金采用前端或后端收费方式中的一种，B 类基金采用销售服务费的收费方式。

销售服务费的收费方式是一种比较特殊的收费方式。这类基金产品在申购和赎回时都不收取相关费用，取而代之的是销售服务费。一般销售服务费的年费率为 0.3% 左右，基金公司每天会按照基金前一日净值计算并在基金整体净值中扣除的销售服务费。因此，以销售服务费为收费方式的基金，其净值要低于不同收费方式的同一基金。

同一名称的基金，不管是 A 类、B 类还是 C 类基金所买卖的都是同一基金品种。例如，易方达公司旗下的易基增强回报债券型基金分为易基增强回报 A 和易基增强回报 B，两类基金的收费标准如表 4-6 所示。

表4-6 易基增强回报基金申购费收费标准

易基增强回报 A（前端收费）				易基增强回报 B（不收申购、赎回费）
申购费		赎回费		
申购金额	申购费率	持有期	赎回费率	按基金资产净值的 0.4% 年费率每天收取销售服务费
M < 100 万	0.8%	0~364 天	0.1%	
100 万 ≤ M < 500 万	0.4%	365~729 天	0.05%	
500 万 ≤ M < 1000 万	0.1%	730 天及以上	0	
M ≥ 1000 万	每笔 1000 元			

易基增强回报 A 在申购时采用前端收费方式，按照投资金额的不同基民需在申购的同时缴纳 0.1%～0.8% 或者 1000 元定额的申购费用。易基增强回报 B 采用销售服务费的按年收费方式，基民在购入和申购时均不必缴纳认购费用，但需要在持有期内缴纳每年 0.4% 的销售服务费。虽然这两类基金的收费模式不同，但基民所买卖的都是同样的易基增强回报债券

型基金。如果不考虑费用因素，二者的投资回报完全相同。

华夏基金公司旗下的华夏债券基金分为A、B、C三类，如表4-7所示。

表4-7　华夏债券基金申购费收费标准

华夏债券A（前端收费）		华夏债券B（后端收费）		华夏债券C（不收费）
申购金额	申购费率	持有期	申购费率	
M＜100万	0.8%	T＜1年	1.0%	按基金资产净值0.3%的年费率，每天收取销售服务费
		1年≤T＜2年	0.7%	
		2年≤T＜3年	0.5%	
M≥100万	0.6%	3年≤T＜4年	0.4%	
		4年≤T＜5年	0.3%	
		T≥5年	0	

华夏债券A、B分别采用前端收费方法和后端收费方法。前端收费方式下，根据收费资金量不同，基金公司收取0.6%～0.8%的申购费用；后端收费方式下，按持有期不同，基金公司收取最高1.0%的申购费用，持有期满5年以后不收取费用。华夏债券C按基金资产净值0.3%的年费率每天收取销售服务费。无论投资者买入华夏债券A类、B类还是C类，所得到的都是同样的华夏债券基金。

通过华夏债券基金的收费标准可以看出，虽然不收取申购费用的基金每天都要缴纳销售服务费，但是年费率仅为0.3%，如果基民只希望持有基金两年以内，可以申购这类基金。如果可以坚持两年以上，还是应该选择其他收费方式。

这种ABC三类或者AB两类的划分方式也会有特例，比如易方达基金公司旗下的易基稳健收益债券型基金就正好相反，易基稳健收益A无申购费，而易基稳健收益B采用前端收费。

3. 认购和申购

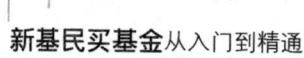

一般来说，同一只基金的认购费费率要比申购费费率低 0.3% 左右。因此，如果基民在基金认购期内购买基金，可以节省一定费用。

但风险和收益对等，基民获得了费率优惠就要承担更多风险。

认购期内买入基金的风险之一是市场行情可能在封闭期内发生变化。基民认购期内买入的基金不能马上卖出。基金在发行期结束后会进入几个月的封闭期，这几个月内基金几乎没有任何运作收益。等到基金建仓完成，进入自由申购、赎回期，大盘行情可能已经改变了。

在认购期买入基金的另一个风险是基民难以了解基金运作水平。新发行的基金没有过去的运作记录，基民可以参考的资料很少，投资时比较盲目。因此，基民只有在十分确定基金有发展潜力的情况下才可以大胆地选择认购方式。万一对基金信息把握不准，就可能出现较大损失。相对应的，如果基民在基金运行一段时间后再申购买入，虽然需要缴纳更多的费用，但却能得到更多的参考信息，更有针对性的投资，避免不必要的风险。

对于认购和申购的不同如表 4-8 所示。

表4-8 认购和申购的不同

	认购方式	申购方式
费用	低	高
比较	基金在发行期结束后的封闭期内收益很少； 基金没有运作记录，可供参考的信息少，基民难以判断基金盈利能力	投资者可以结合基金在一段时间内的运作记录，更全面的衡量基金运作水平，避免投资风险

投资者在购买基金时，可以选择认购发行期内的新基金，也可以选择申购发行结束后的基金，这两种方式各有优劣。

4. 无息贷款，"月光"养基

对于刚步入职场的年轻"月光"族，并没有太多的资金投资。但如果能活用手头的工资卡和信用卡，再结合货币型基金，"月光"族也可以获得不错的投资收益。

在开始信用卡＆货币市场基金理财计划之前，"月光"们需要做以下几步准备工作。

第一步，办理信用卡。理想的信用卡必须具备3个条件：一是，与自己的工资卡在同一家银行；二是，有一个月左右的免息期；三是，刷卡达到规定次数就能免除年费。通过这样的信用卡，"月光"族就可以长期获得一定数量的无息贷款。

第二步，在同样的银行选择一只该行代销的货币市场基金。在选择基金时应该注意，因为要用透支资金进行投资，"月光"族只能选择无风险的货币市场基金。

第三步，与银行签订相关协议，选择基金的自动申购、赎回以及信用卡的自动还款服务。

完成了上面几步之后，"月光"们就可以开始自己的基金投资了。在每月工资发放后，除了留一部分日常花销外，"月光"族可以将全部资金自动申购为货币市场基金。在日常购物时，尽量使用信用卡透支消费，实在不能刷卡时再使用预留的现金。等信用卡即将达到免息期时，又可以将基金自动赎回来偿还透支资金。通过这样的投资方式，小"月光"也可以养好自己的基金了。为了尽可能延长基金持有时间，获得更多收益，"月光"族应该充分利用信用卡的免息期。具体操作方案如图4-13所示。

在利用这种养基方法时，"月光"族应该特别注意两点：

①利用信用卡透支来的无息贷款是拿来理财的，在消费时可不要打这些钱的主意，以免自己陷入财务危机，否则很容易就会由"月光"沦为"负翁"。

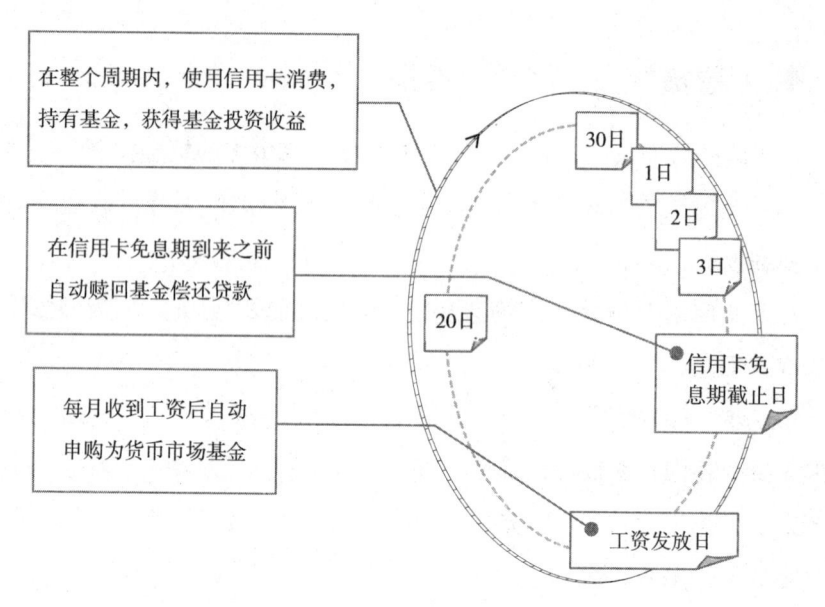

图4-13 "月光"族养基方案

②股票型基金虽然有很高的预期收益，但风险也很高。"月光"族最好还是本本分分地购买货币市场基金，等有一定资本后再去追求高收益。

虽然货币市场基金的年收益率只有2%左右，"月光"族这样折腾一年下来或许都赚不到几百元，但这种投资的收益率毕竟要高于银行活期存款。作为新入职场的年轻人，养成积少成多的投资习惯十分重要。

第五章

新基民投资基金误区

我的忠告就是绝不赔钱，做自己熟悉的事，等到发现大好机会才投钱下去。

——吉姆·罗杰斯

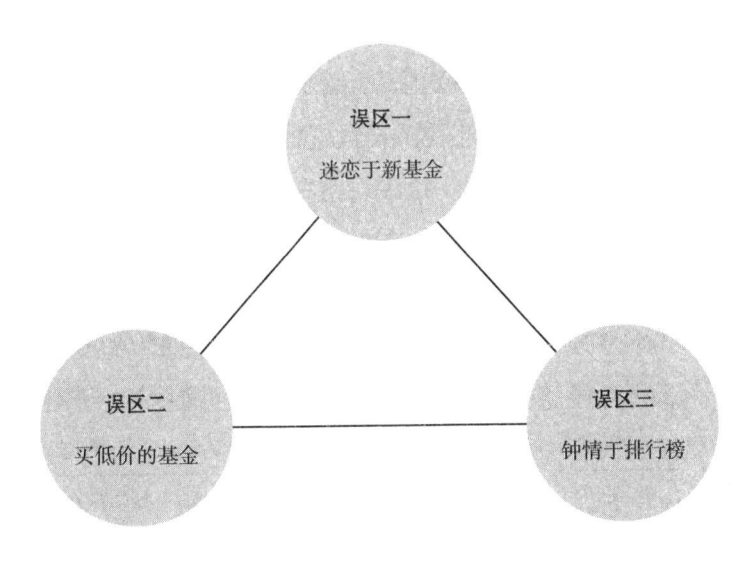

- 误区一 迷恋于新基金
- 误区二 买低价的基金
- 误区三 钟情于排行榜

第一节 迷恋于新基金

有很多基民都喜欢认购新基金。但实际上，新基金与老基金相比并没有明显的优势。相反，有研究机构曾经做过统计，老基金要比新基金具有更大的资金规模优势和更丰富的运作经验，其净值的增长往往比新基金更稳定。一只基金在成立初期会受到多方因素的制约，通常有以下3方面的因素。

第一，产品设计瓶颈。在国内现有制度的约束下，新基金很难突破当前市场上已经存在的操作模式。即使是一些所谓的创新型基金品种，往往也只是为了创新而创新，很难经得起市场考验。因此，市场上多数新基金产品都缺乏个性，真正创新的好基金并不会轻易出现。

第二，团队磨合期长。很多新基金为了吸引投资者，会配备明星投资团队、金牌基金经理。但这些团队成员之间要做到默契配合、相互信任，没有一定的磨合期是不可能的。即使在明星团队、金牌经理的带领下，新基金在运作初期也很难获得理想的业绩。

第三，建仓周期长。基金的资金规模十分巨大，新基金的整个建仓过程通常需要几个月时间。如果新基金在大盘确定上涨行情时设立，到建仓完成时上涨行情可能就已经结束了。因此那些在牛市末期发行的新基金，业绩很难超过相似类型的老基金。

1. 喜新厌旧是常态

很明显，新基金在整体表现上并不一定强于老基金，事实上也的确如此。但是许多基民总是喜新厌旧，有的基民甚至会赎回表现很好的基金来参与新基金认购。基民这种热衷打新的习惯与基金公司的宣传有很大关系。

基金公司按管理资金的规模收费，公司收益与旗下基金的规模密切相关。通过发行新基金，基金公司可以快速增加公司管理资产的规模，提高收益。因此在新发行基金时，基金公司会投入大量精力进行宣传，将新基金打扮得与众不同。

但对购买基金的基民来说，新基金与老基金相比有一定劣势。这些基金没有过去的操作记录，基民要想判断基金的增长潜力十分困难。因此，建议基民最好选择已经运作一段时间的基金进行投资。好基金毕竟是少数，基民对此要加以区分，千万不能因为贪图认购费率的小便宜而吃了大亏。

2. 面值1元的新基金并不便宜

很多基民会想当然地认为，与净值偏高的老基金相比，面值1元的新基金上涨的空间会更大。在这种投资思路的指导下，许多基民总是赎回价格已经上涨的老基金，去购买新推出的1元新基金。还有不少基民宁愿等待老基金拆分后再买入，也不愿意直接购买老基金。其实，这是一个很大的误区。

出现这种现象的原因是基民将炒股的思维运用到了买卖基金上。一只股票价格大幅上涨后，可能会出现过度投机的现象，股价出现回调。而基金的价格是由基金净值决定的，基金价格大幅上涨说明基金投资获得巨大收益，有实际利润作为支撑，不会因为过度投资而产生价格虚高的现象。如果基金经理在构建投资组合时采用的策略正确，基金净值就完全可以持续上涨。

另外，如果大盘处于牛市行情中，新组建的基金很可能要以更高的价格才能买入一些热点股票，其建仓成本可能还要高于老基金。因此，面值1元的新基金在实质上并不一定比面值高的老基金更便宜，而表面的价格便宜也不代表风险就低。因此基民在选择基金时，并不应该以单位基金的价格作为参考依据。

3. 择机挑选新基金

虽然基金在发行初期会受到一些因素的制约，但也会有很多特有的优势。基民可以在合适的时机下选择购买新基金。新基金的优势可以概括为4个方面，如表5-1所示。

表5-1 新基金的优势

没有负担，从容投资	低位吸筹，起点有利
新基金没有历史遗留的调仓负担，可以更从容地抓住市场投资机会	新基金通常可在市场低位获得更为便宜的筹码，赢得较为有利的投资起点
现金充沛，大举打新	规模有限，灵活操作
新基金现金资产充沛，可以有更多资金申购新股，获得打新收益	如果新基金在弱势中成立，规模不会很大。盘面小更利于灵活操作，其中还有可能出现"黑马"基金

上述新基金的优势在大盘走弱时会变得更加突出。因此，在基金市场上有"牛市买老基，熊市买新基"的说法。如图5-1所示。

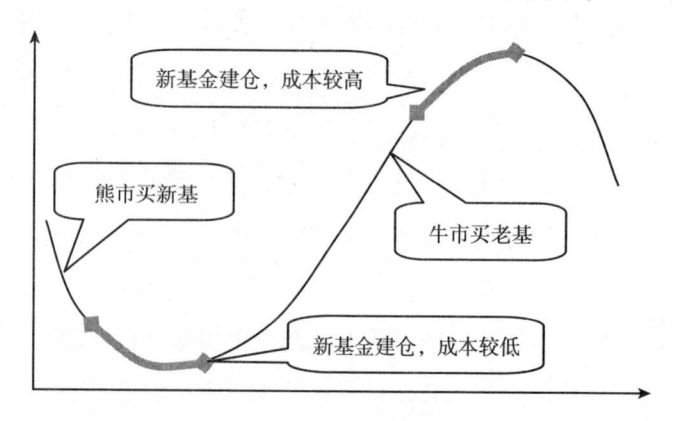

图5-1 牛市买老基，熊市买新基

当大盘下跌时，基民可以适当关注新基金。因为此时老基金购买的股票面临下跌，而新基金则能够利用下跌在相对较低的点位上建仓。相反，当市场一路上涨时投资老基金较好。因为此时老基金已经建仓完毕，可以坐享股价上涨的收益。而新基金因为入市晚，建仓成本会增加，收益会受到影响。

4.优势平均的次新基金

次新基金是指刚刚结束认购期和封闭期，进入申购、赎回阶段的基金。那些刚经过分拆或者大比例分红，净值大幅降低的基金也可以认为是次新基金。

根据前面的分析，基金市场上出现"牛市买老基，熊市买新基"现象的原因是新老基金持仓比例不同。老基金仓位重，在牛市中可以获得股价上涨的收益；新基金仓位轻，在熊市中可以以低价购买更多的股票。

次新基金仓位水平正好处于老基金和新基金之间，是一种"进可攻，退可守"的投资品种。与老基金相比，次新基金仓位较低，现金比例较大，可以从容地选择证券品种投资。当行情走弱时，闲置资金还能应对大量赎回的需要。与发行期内的新基金相比，次新基金已经完成了初步建仓操作。如果大盘出现大幅上涨行情，次新基金也能获得一定的收益。

因此，在大盘摇摆不定、基民看不清后市行情走向熊市还是牛市的时候，次新基金是很好的选择。

第二节　买低价的基金

基民在选择基金产品时,基金净值是重要的参考指标。目前基民可以通过以下 4 类途径获得基金净值的相关信息:

一是基金网站。基民可以通过登录天天基金网、和讯基金等专业基金网站查询所有基金的净值、行情、历史分红等各种公开信息。

二是财经报纸。各类财经报纸每天都会有专门的版面刊登基金净值数据。目前国内最著名的证券类报纸是《证券时报》《中国证券报》和《上海证券报》三大证券报。

三是基金公司。基民可以登录基金公司网站或者拨打基金公司的客服电话查询该基金公司旗下所有基金的净值。对于各家基金公司的网址和联系电话,基民可以到证监会或者证券业协会的网站查找专门的基金管理公司名录。

四是代销机构。基民可以通过开放式基金的代销银行网点查询相应基金净值,部分证券交易软件也可以为投资者提供基金的净值。

查询基金净值非常简单,但很多基民在利用这些数据时会陷入一定误区。有的基民会认为净值越低的基金就越便宜,上涨的空间就越大,这样的理解已经陷入误区。为了更好地分析基金净值、观察净值变动,更好的选择和投资基金,基民需要从以下 3 个方面入手,摆脱对基金净值理解的误区。

1. 基金净值与基金价格

许多新入市的基民会想当然地认为基金交易价格越低就越便宜,买起来就越实惠。这是绝对错误的观点。基民买基金和买其他东西一样，绝对是一分价钱一分货。

基金价格和基金净值密切相关。开放式基金的交易价格就是基金净值，而封闭式基金的交易价格也会围绕基金净值波动。价格高的基金肯定代表更高的基金净值，也就代表更多的基金资产。因此，单纯的基金价格对基民并没有多大参考价值。

2. 基金净值与投资价值

有的基民会认为基金净值上涨到一定程度就会下跌，显现出投资价值；下跌到一定程度就会上涨，失去投资价值，其实这是一种误区。基金的投资价值和基金净值之间并没有这种反向变动关系。

投资者在买卖股票的过程中会出现超买和超卖的现象。也就是说在股价下跌过程中，卖出力量达到极限会逐渐衰弱，股价会逐步反弹；而在股价上涨过程中，买入力量达到极限也会衰弱，股价会逐步下跌。在股市中，这样的分析方法比较有效。但如果将这种思路用在基金操作过程中，基民就难以取得预期效果。

基金净值和基金的投资价值之间并没有物极必反的效应。相反，如果一只基金的基金净值很高，表示这只基金的管理能力出众，这样的基金更具有投资价值。基金净值的上涨是以基金投资收益为基础的，不会出现上涨到一定程度就缺乏上涨动力的情况。因此，基民在投资时不应该过分去追求净值很低的基金品种。

3. 基金净值与管理能力

基金管理人的运作能力会决定基金净值的变化，基民可以通过基金净值的走势来判断基金管理者的能力。在判断一位基金管理人的能力时，基民必须参考基金净值在相当长一段时间内的变动趋势。如果基民只是参照了1年甚至是更短的时间，在这段时间内基金净值的变动可能会受到很多因素影响，并不能说明基金管理人的管理能力。

例如，基金 A 的管理团队擅长分析生物科技行业股票，会从中选择最优质的股票进行投资。基金 B 的管理团队擅长分析新能源行业股票，也会从中选择最优质的股票进行投资。长期来看，这两个行业都很有投资价值。但是过去几个月内，因为生物科技概念炒作，生物科技行业股票大幅上涨，而新能源行业股票却表现平平。此时基金 A 的短期业绩虽然强于基金 B，但基民并不能因此就认为 A 经理的管理能力就强过 B 经理。如果资源类股票普遍上涨，B 经理同样能取得不错的收益。基民要想客观地比较 A、B 两位基金经理的运作能力，必须参考两只基金在相当长一段时间内的净值变化。

扩展阅读

股市上的超买超卖现象

股票的交易价格由买卖双方确定。买方力量强于卖方，股价就会在买方的推动下持续上涨。卖方力量强于买方，股价就会在卖方的打压下持续下跌。

当股票价格上涨或下跌到一定程度时，推动股价上涨的买方力量或者打压股价下跌的卖方力量已经达到极限，开始衰退。这时就出现了超买超卖现象，造成股价向相反方向波动。

当卖方的力量大于买方时，股价会有下跌趋势。当下跌到一定的程度，卖方的力量会达到极限状态，这时就出现了超卖现象。此时的股价已经达到最低点，在一定的低位上，买方资金会逐渐进入，而卖方势力也会逐渐消退，股价将逐步反弹。而超买现象与超卖现象正好相反，当股价上涨到一定程度时，买方力量达到极限，卖方力量会逐渐变强，造成股价下跌。

第三节 钟情于排行榜

基金排名在一定程度上可以代表基金盈利的能力,作为基金优选的指标之一。世界上最权威的基金评级公司是美国晨星公司。晨星公司会每月更新一次国内基金的星级排名。基民可以登录晨星公司网站,在排行靠前的基金中挑选适合自己的基金品种。

晨星公司除了会给所有基金品种评级外,还会在每年年初评选出上一年的年度基金奖。如表5-2所示为晨星(中国)2020年度基金奖。

表5-2 晨星(中国)2020年度基金奖

基金奖项	获奖	提名
激进配置型	易方达中小盘混合	中欧明睿新常态混合 中欧行业成长混合(LOF) 华安宏利混合 景顺长城新兴成长混合
混合型	南方优选成长混合	交银定期支付双息平衡混合
激进债券型	博时信用债券	易方达裕丰回报债券
普通债券型	鹏华产业债债券	招商产业债
纯债型	富国信用债债券	易方达纯债债券

※ 表中数据来自晨星资讯(深圳)有限公司

虽然基金排行可以为投资者提供一定的参考价值,但并不意味着排行靠前的基金就一定是最适合投资者的品种。为了正确地看待基金排行,基民应该注意两个方面。

1. 收益排行等于风险排行

基金的收益水平和风险程度是对等的。排行靠前的基金都有较高的收益水平，但其中往往蕴含了高风险。例如，在 2014～2015 年的牛市中，一些激进型的基金仓位较重，取得了很好的投资收益。在当年的基金排行中它们必定是靠前的。但是在随后一年的持续熊市中，这些激进型基金多数都损失惨重，而仓位较轻的保守型基金排行都比较靠前。对于保守型的投资者，不能盲目追求高收益，而应该将关注重点放在盈利水平稳定的基金品种上。

2. 收益排行不等于综合能力

目前市场上除了晨星、银河、中信等大型评级机构的基金排行外，还有很多制作粗糙的基金排行榜或基金奖项。这些排行在制作时只是看重基金的短期业绩，并没有充分考虑基金公司的整体资质，难以经受长期考验。同时，有些排行中还会把一些不同类型的基金放在一起比较，编制方法很不科学。

因此，基金排行只能作为参考因素之一。基民在投资时还是应该综合考虑基金品种、基金公司及管理团队等。

> **扩展阅读**
>
> ### 国内基金评级机构
>
> 国内的基金评级业主要有以下 3 种类型。
>
> 第一类是晨星、理柏等外资专业化评级机构推出的基金评级。这些机构都有十分成熟的基金评价模式，专业化程度高，是目前最权威的评级机构。

第二类是国内券商推出的基金评级，目前比较权威的有银河证券基金评级、中信证券基金评级等。这些机构依托券商专业化的研发团队，在国内众多机构中也属于比较权威的。

第三类是国内媒体、科研机构推出的基金评级。例如，《证券时报》基金评价、和讯网评级、东方财富网评级、天相投资评级、德圣基金研究中心基金评级等。这些评级机构虽然发展时间较短，但发展速度很快，很多机构已经初具规模，但其中也有个别机构在滥竽充数。

目前国内最权威的评级机构有三家，分别是晨星、中信和银河。

银河证券基金研究中心于2001年3月发布了基金净值增长率排行榜，这可以算是国内最早的基金评级。但是这个排行榜只是考虑到基金盈利状况，对基金的投资风险考虑不多，因此没有形成科学的评级体系。2003年中信证券推出了《中信基金评级月度报告》，建立了一套比较完备的基金评级体系。与此同时，国际上著名的基金评级机构晨星公司登陆中国，银河证券的评级体系也在积累多年实践经验的基础上不断完善。晨星、银河和中信，在基金评级行业逐渐形成了三足鼎立的格局。

第六章

新基民基金投资组合

不把所有的鸡蛋放在一个篮子里。

——塞万提斯

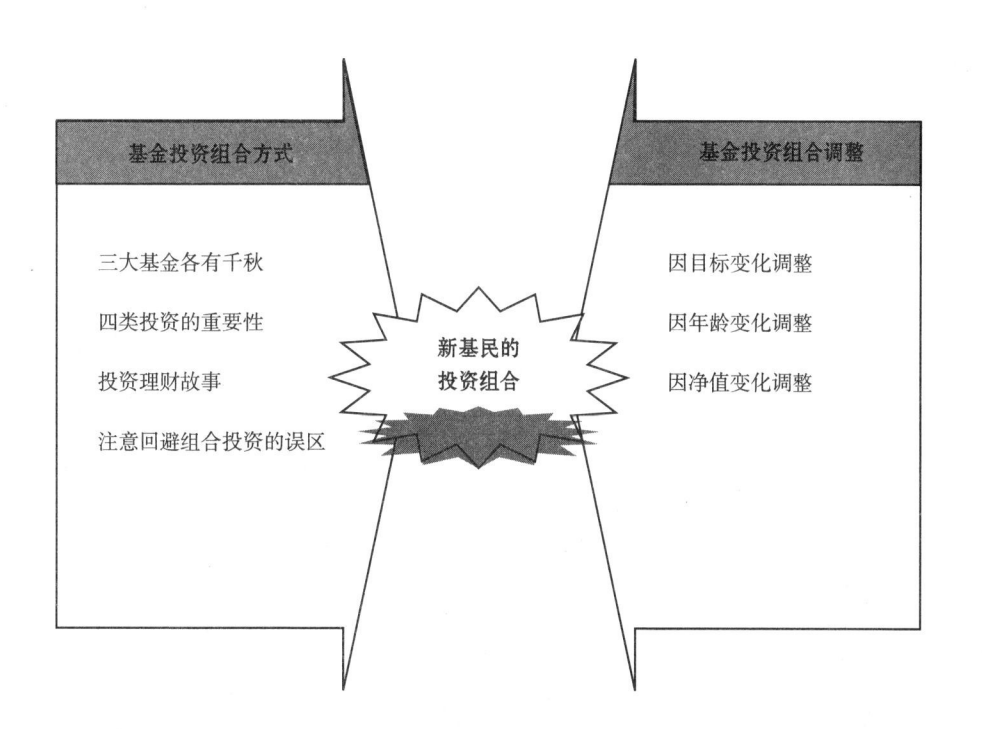

基金投资组合方式	基金投资组合调整
三大基金各有千秋	因目标变化调整
四类投资的重要性	因年龄变化调整
投资理财故事	因净值变化调整
注意回避组合投资的误区	

新基民的投资组合

对于基金投资来说，安全性是指基金出现损失的可能性和损失程度；收益性是指基金预期收益的高低；流动性是指基金变现的快慢。低风险、高收益、高流动性是证券市场上所有投资者追求的目标。

包括基金投资在内的任何证券投资品种，都不可能兼顾安全性、收益性和流动性。一个证券投资品种如果要想增强其中的两个属性，必须要以牺牲第三个属性为代价。

例如，股票投资有很强的收益性和流动性，却要以低安全性为代价；

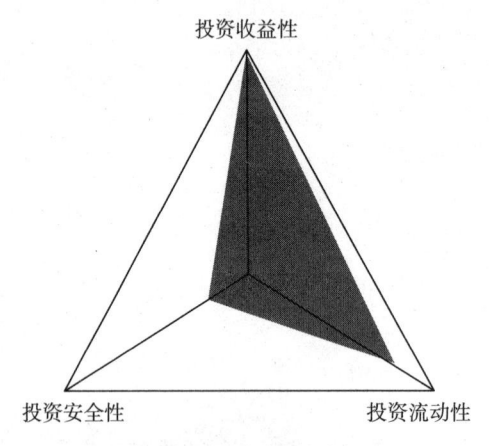

股票投资

投资收益性：★★★★★
股票投资可以在短期内获得高收益

投资安全性：★
投入资金随时有损失的可能

投资流动性：★★★★
投入资金一天内就能变现

而国债投资虽然有很高的安全性和不错的收益，但变现很难。

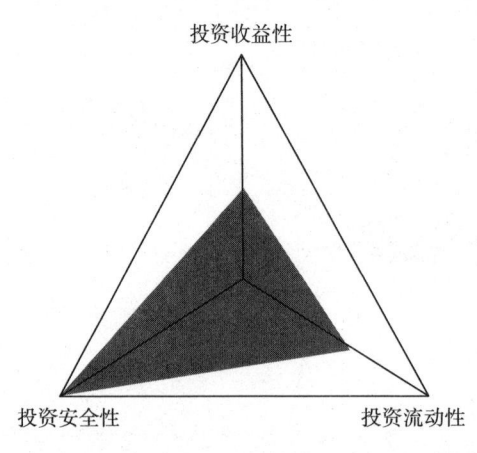

国债投资

投资收益性：★★
投资收益略强于银行定期存款

投资安全性：★★★★★
国家信誉保证，安全绝对可靠

投资流动性：★★★
资金一旦投入短期内不能变现

流动性最高的活期存款虽然有很强的流动性和安全性，但收益能力却很差。

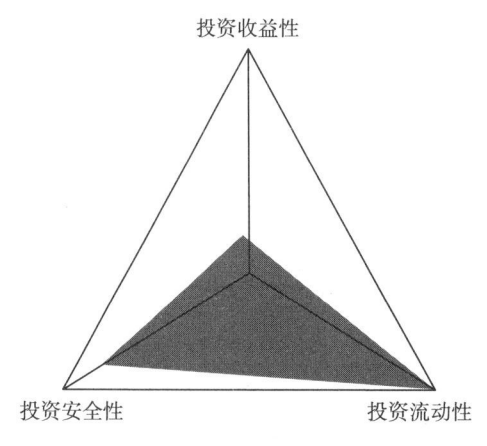

活期投资

投资收益性：★

利率低

投资安全性：★★★★

银行信誉保证，有通胀风险

投资流动性：★★★★★

可以直接用于消费

这三类投资属于比较极端的投资品种，如果投资者能以组合的形式将资金平均分布在这三类投资中，可以对投资的收益性、安全性和营利性进行很好的均衡。

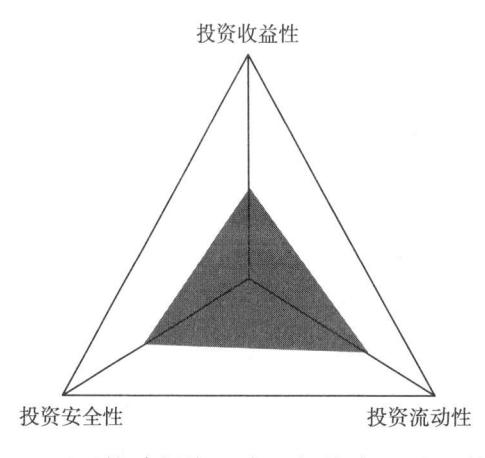

股票+国债+活期存款组合

投资收益性：★★☆

投资安全性：★★★☆

投资流动性：★★★★

通过构建投资组合，投资者虽然不能凭空增加利润或者消除风险，但却能够调整投资的收益性、安全性和流动性，将其控制在自己可以接受的范围之内。

除此之外，投资者还可以调整不同证券品种的投资比例来改变投资组合的性质。例如，在上面的组合中，提高股票的投资比例可以提高组合的收益性和流动性，提高国债的比例能提高组合的安全性，而提高银行存款的比例则能够增加投资的流动性。

因此可以说，构建投资组合的根本目的就是对各类投资产品进行优势互补，最终找到适合自身需求的投资组合。

第一节　基金投资的组合方式

1. 三大基金各有千秋

基民要想构建适合自己的投资组合，首先需要了解货币市场基金、债券型基金、股票型基金的特点。

（1）货币市场基金

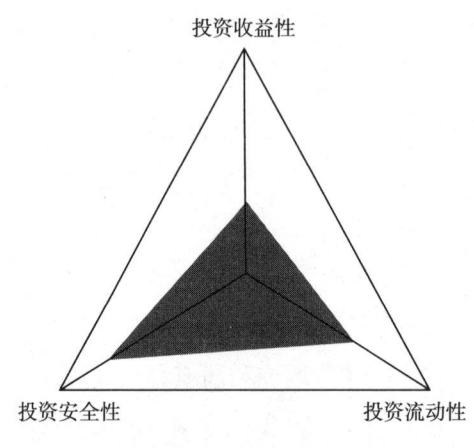

货币市场基金

投资收益性：★★
投资收益率高于活期存款
投资安全性：★★★★☆
投资货币市场工具，安全性高
投资流动性：★★★☆
一般两个工作日可以赎回

货币市场基金的投资对象主要是短期货币工具，虽然收益较低、但安全性很高，是银行储蓄的良好替代品。当前货币市场基金的 7 日年化收益率普遍在 3% 左右，高于银行活期存款，与 1 年定期存款利率基本相等。只要利率水平不出现大的变动，货币市场基金的收益率就会一直比较稳定。基民可以在银行网点自由地赎回货币市场基金，资金在赎回后的两天左右会到账。另外，货币市场基金不收取申购赎回手续费。

（2）债券型基金

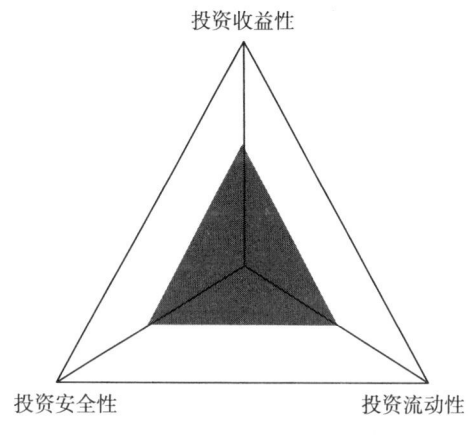

投资收益性
投资安全性　投资流动性

债券型基金

投资收益性：★★★

投资收益率高于货币市场基金

投资安全性：★★★

投资可能会出现损失

投资流动性：★★★

一般两个工作日可以赎回

债券基金主要投资国债、企业债和可转债。基金的年收益率能够达到 10% 左右。但多数债券型基金都会拿一部分资金去投资股票，所以投资有一定风险。在赎回基金时，债券型基金的赎回期间虽然与货币市场基金类似，但是需要缴纳一定的手续费。基民如果频繁地申购、赎回就需要很高的成本。因此，债券型基金的流动性略差于货币市场基金。

（3）股票型基金

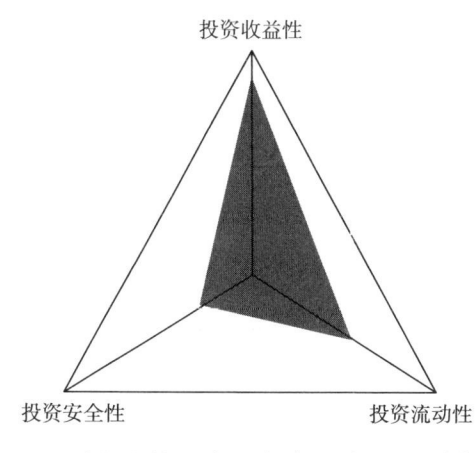

投资收益性
投资安全性　投资流动性

股票型基金

投资收益性：★★★★☆

基金收益率与直接投资股票类似

投资安全性：★☆

投资随时可能出现损失

投资流动性：★★★

一般两个工作日可以赎回

股票基金的最主要投资对象是股票市场。如果行情发展良好，股票型基金的收益率是所有基金类别里最高的。但如果行情不好时，股票型基金净值也可能是所有基金里亏损幅度最大的。因此，股票型基金可以说是所有基金品种里高收益性、低安全性的代表。

（4）指数型基金

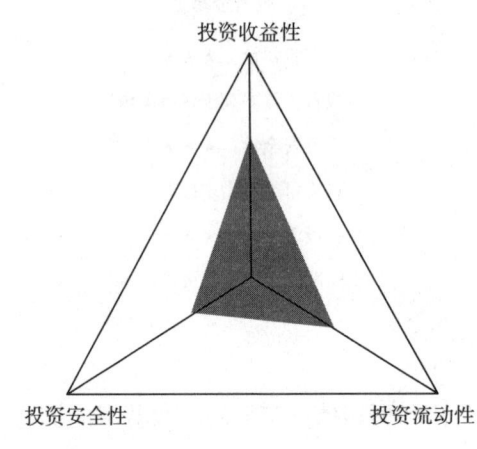

指数型基金

投资收益性：★★★★

基金收益率略低于股票型基金

投资安全性：★★

基金安全性略高于股票型基金

投资流动性：★★★

一般两个工作日可以赎回

指数型基金是投资固定股票组合的一种股票型基金。通过投资指数的成份股，指数型基金可以将收益率与大盘变动绑定。与一般的股票型基金相比，指数型基金虽然盈利空间有限，但收益也会相对稳定，投资比较安全。

（5）保本型基金

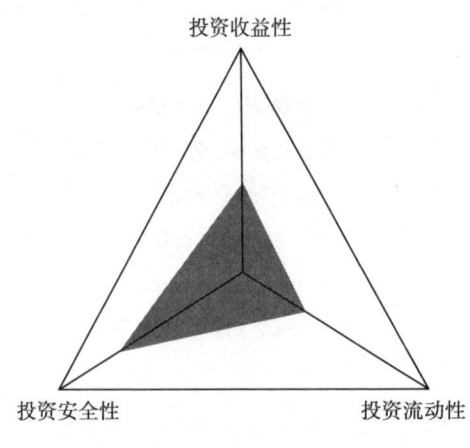

保本型基金

投资收益性：★★☆

"卫星"资产提高收益

投资安全性：★★★★

"核心"资产保证本金安全

投资流动性：★★

基金有保本期限制

在目前市场上主要的基金品种中，还有保本型基金的混合型基金。

保本型基金相当于构建了一个"核心＋卫星"的投资组合。其中的核心资产保证基金的本金安全。例如，用90%的资金购买累计收益10%的国债，这些国债就是基金的核心资金。

剩余的卫星资金用于购买收益率较高的股票型基金，实现基金增值。在这个投资组合中，投资者的本金安全可以得到保证，只是有可能损失掉投资期间的利息收益。这样一个组合的收益能力要强于单纯购买国债。但是所有保本型基金都有保本期的限制，投资者提前赎回不仅要缴纳较高的手续费，还不能得到保本承诺。因此，保本型基金的高安全性和收益性是以流动性为代价的。

混合型基金在各种证券中的投资比例并不确定，相当于为投资者提供了一种现成的投资组合。基民只需要理解前边三大基金品种的特点，就可以根据混合型基金的投资比例衡量其风险收益水平。

（6）基金定投

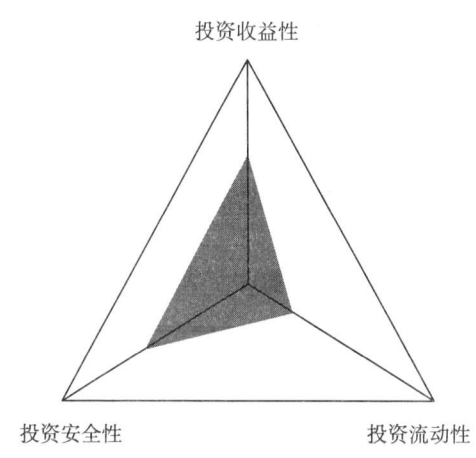

指数基金定投

投资收益性：★★★☆
定投不会改变基金收益性

投资安全性：★★★☆
摊匀成本，安全性增加

投资流动性：★☆
定投基金需要长期投资

基金定投指的是定期定额的基金投资方式。基金定投的对象可以是指定的股票型基金、债券型基金、货币市场基金以及混合型基金。基金定投有着"长期投资，平均成本"的特点。通过每月以相同的资金投资同一个基金产品，可以降低基金净值波动对申购成本的影响，增强投资安全性。而"平均成本"的前提是要"长期投资"。因此，基金定投的增加的安全性要以损失流动性为代价。基金定投的期限越长，相当于投资者付出了更多的流动性，基金的安全性也会逐渐提高。

2. 四类投资的重要性

前边分析了各类基金品种，这些都是投资者构建投资组合时可以利用的"材料"，为投资者提供不同的收益性、安全性和流动性。投资者在选择基金品种时，应该考虑自身情况，衡量自己对收益性、安全性和流动性的需求。这三者不能兼顾，投资者要有所取舍。

例如，有投资者希望现在投资10万元，5年后获得本息共计12万元的收益，并且在此期间这笔资金不准备赎回。因为投资者付出了5年的流动性，同时只要求平均每年约4%的投资收益。这时收益性和流动性均处于比较低的位置，投资者可以追求比较高的安全性。

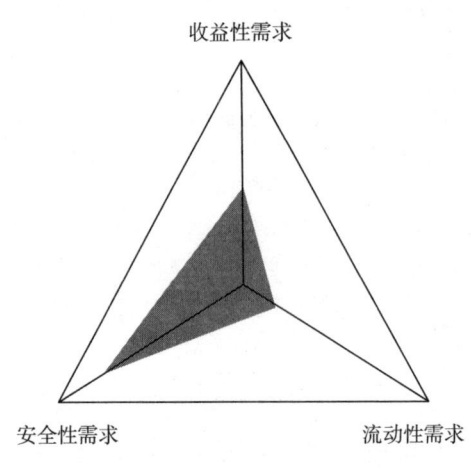

5年20%收益

收益性需求：★★☆
年均4%的收益水平

安全性需求：★★★★
投资者可以追求较高的安全性

流动性需求：★☆
资金短期内不会使用

为了获得这种预期，投资者可以将多数资金投资货币市场基金和债券型基金。如果这两个品种难以达到4%的年收益率，投资者还可以配备10%～20%的指数型基金，牺牲少量的安全性来提高资产收益率。这样在5年后就有很大可能获得本息共计12万元，即使损失也不会亏损太多。在这种情况下，收益性、安全性和流动性得到了平衡。

再举一个例子，如果还是上边的投资者，其他假设不变，但这次他希望在5年后获得15万元现金。

```
        收益性需求
           △
          ╱│╲
         ╱ │ ╲
        ╱  │  ╲
       ╱ ▓▓│▓  ╲
      ╱▓▓▓▓│▓▓▓ ╲
     ╱▓▓▓▓▓│▓▓▓▓ ╲
    △──────┴──────△
安全性需求      流动性需求
```

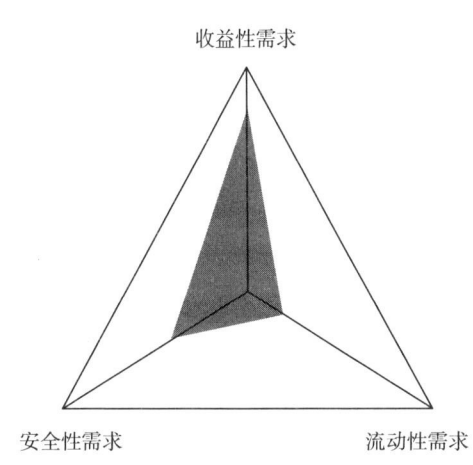

5年50%收益

收益性需求：★★★★

年均8%以上的收益率

安全性需求：★★☆

需要用安全性换取收益性

流动性需求：★☆

资金短期内不会使用

这时投资者需要获得复利 8% 以上的年收益率。这么高的收益性需求要求投资者牺牲安全性来换取，可以将资金平均投资股票型基金和债券型基金。这样虽然可能获得 5 年 50% 的收益率，但也有出现较大损失的可能。

上边两个例子是一个简单的投资组合，其中并没有过多地考虑流动性因素。然而在现实生活中的家庭投资策略要比这复杂得多。

每个家庭的投资目标都不相同，即使同一个家庭也会有多个投资目标。目前国内多数家庭都会面对 4 大类投资目标，分别是购房买车、退休养老、应急医疗和投资增值。投资者可以以这 4 类投资为基础，建立自己的投资组合。

（1）购房基金

对于国内大多数家庭，够房买车、赡养父母、教育子女是最重要的投资目标。这些支出有着共同的特点：支出时间相对固定、需要数目巨大、风险承受能力差。在这些投资目标中，购买房产是最典型的代表。

购房基金所需数量巨大，为了应对大额支付，多数家庭都要将收入净余额的 30%～50% 投资购房基金。

购房基金需要一定的投资收益率，不能承担太大风险，但对资金的流动性没有太高要求。因此在构建投资组合时，可以在控制风险的基础上尽量提高收益率。

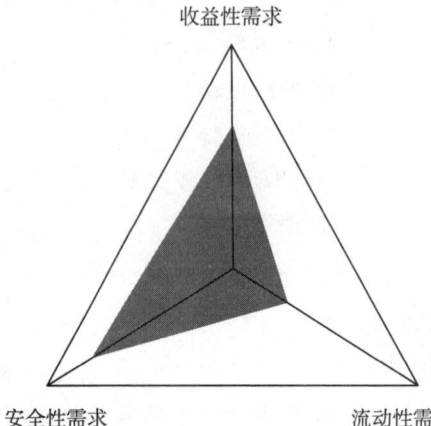

```
         收益性需求
            △
```

住房基金

收益性需求：★★★☆

安全性需求：★★★★

流动性需求：★☆

安全性需求　　　流动性需求

为了满足这样的投资需求，投资者可以将购房资金的55%～65%投资货币市场基金或债券型基金，将剩余的35%～45%投资指数型基金。在购买指数型基金时，应该尽量使用基金定投的方式来控制投资风险。

（2）退休基金

人无远虑，必有近忧。按照目前水平，现在的"70后""80后"仅凭社会保险，很难在退休后享受一个富足的晚年。因此，多数家庭都应该尽早筹备一定数量的退休基金。

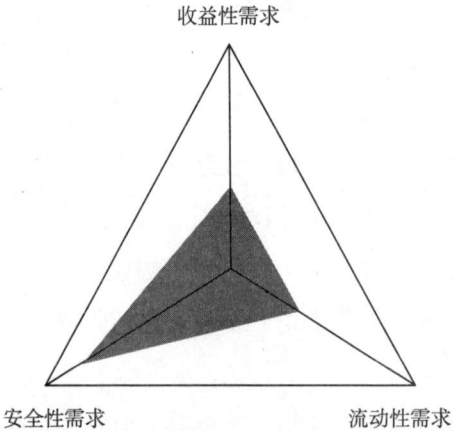

```
         收益性需求
```

退休基金

收益性需求：★★

安全性需求：★★★★☆

流动性需求：★★

安全性需求　　　流动性需求

因为退休后整个家庭的消费水平会有所降低，并且一般家庭都有社会保险作为固定收入，所以退休基金的投入比例不用太高。一般将家庭收入净余额的 10%～20% 投资退休基金，这样就可以满足退休后的各方面需要。

假设家庭每月收入的净余额为 5000 元，投资者可以将其中的 500 元投入家庭退休基金。再假设年收益率为 3%，坚持投资 30 年。这样在退休时就可以得到 28.5 万元的退休基金。

退休基金需要很高的安全性，对收益能力和变现能力的要求都不大。

为了追求最大的安全性，投资者可以将 50% 左右的资金投资货币市场基金，剩余 50% 资金投入债券型基金。按照目前的利率水平，这样一个投资组合如果能坚持几十年，就可以在基本不承担风险的情况下获得 4% 左右的年收益率。如果投资者能利用基金定投并坚持红利再投资的方式，每月只需要几百元就能在退休时获得一笔可观的退休基金。

（3）应急基金

在生活中经常会遇到一些突发性事件，比如重大疾病、失业等。为了应对这些事件，投资者需要建立应急基金。

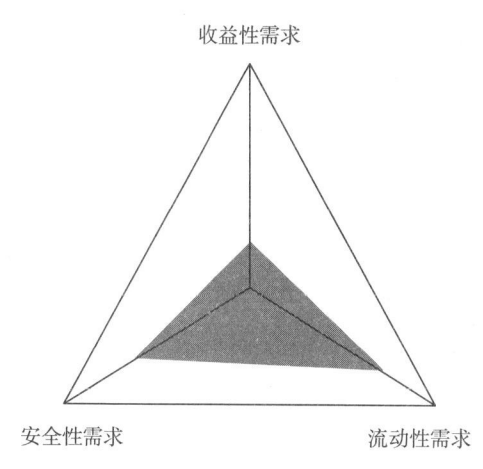

应急基金

收益性需求：★

安全性需求：★★★☆

流动性需求：★★★★

应急基金是为了应对突发性的支出而设立的基金，其投入比例可以视投资者自身情况确定。一般情况下，只要将家庭收入余额的 10% 投资应急基金就足够了。如果这部分资金积累到一定金额，就可以不再继续投入。

应急基金需要随时变现使用,资金应该保持足够的流动性和安全性,而对收益性的要求不高。

为了保持足够的流动性,银行活期存款是应急资金的最佳选择。但是因为最近几年银行的利率水平很低,在考虑通货膨胀情况下,银行活期存款一直处于负利率状态。投资者为了获得更高的增值,可以将一部分应急资金投资流动性同样很强的货币市场基金。这样可以在保证充分流动性的基础上获得一定的投资收益。

(4)投资基金

收入除了要应对各种支出外,每个家庭都应该留出一部分资金来投资,获得投资收益,也就是"钱生钱"。

投资者应该根据自身情况选择这部分资金的投入比例。当面临较大的资金压力时,可以适当减少投入;如果没有其他重大消费需求,也可以增加投入。

建立投资基金的目的就是为了追求高收益水平。因为这部分资金并不是家庭日常需要的资金,投资者并不需要过分担心资金的安全性和流动性。

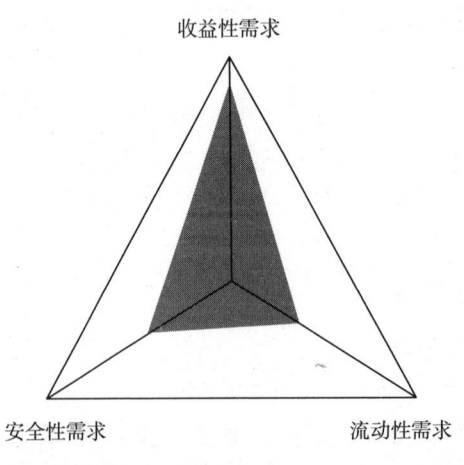

投资基金

收益性需求:★★★★☆
安全性需求:★★☆
流动性需求:★★

为了追求较高的收益水平,可以将全部资金投资股票型基金或者指数型基金。对于风险承受能力有限、不想冒险的投资者,还可以考虑在投资组合中加入适当的债券型基金或者直接购买混合型基金。

购房基金、退休基金、应急基金和投资基金这4类基金，只是对投资者构建自己家庭理财组合的建议。每个家庭都有自己的特点，投资者在实际操作过程中应该按照自己的收入水平、消费计划以及风险承受能力对各种投资的比例进行调整，设计适合自己家庭的投资组合。

3. 投资理财故事

基民可以以下文中王先生的投资理财故事作为参考，来确定自己的养基计划。

王先生今年28岁，是北京一家私企的部门主管，每年的税后纯收入约10万元左右。王先生还没有结婚，他的女友是一家私企职员，每年的税后纯收入约为5万元左右。二人每月的房租、饮食、衣物、交通、通讯、社交等日常开销约为3000元左右。

在资产方面，二人有存款10万元，定投货币市场基金10万元，另外还有5万元的股票型基金。除此之外没有其他财产，也没有负债。另外，二人均有社会保险，但没有其他商业保险。

理财目标

（1）王先生和女友准备在两年内买房。

（2）买房后马上结婚，需要一笔资金举行婚礼。

（3）需要筹备婚后养育子女的费用和几年后赡养父母的费用。

财务分析

王先生和女友的年收入合计15万元，支出合计3.6万元。这样每年可以结余资金11.4万，每月合9500元。资产方面，家庭现有资产合计25万元，其中存款10万元、货币市场基金10万元、股票5万元。家庭的财务情况具体如表6-1所示：

表6-1　王先生的家庭收支情况

收入		支出、结余	
王先生收入	10万元/年	年支出	3.6万元
女友收入	5万元/年	月均支出	3000元
年收入	15万元	年结余	11.4万元
月均收入	1.25万元	月均结余	9500元

　　王先生准备在两年后买房。根据其目前的财务状况，在两年后的结余资产大约能达到48万左右。但是这些资金还需要用来支付结婚花费、装修家具支出以及其他各项消费。扣除这些因素后，实际购房款大约在25万～30万元。如果按20%的首付计算，王先生可以负担的房屋价格约为125万～150万元。因此王先生应该重点关注这个价格区间内的楼盘。

　　王先生在买房之后马上就要结婚，因此需要筹备一笔结婚费用。从婚前购买家具，到置办结婚典礼、举行婚宴，再到婚后蜜月。按照王先生的收入水平，可以留出10万～15万元用于这部分花销。

　　因为王先生和女友都在私企工作，不是十分稳定。因此王先生的家庭需要留出大约半年的花费作为失业备用资金。另外，王先生的收入占两人总收入的2/3，一旦出现意外，仅凭社会保险难以保证收支平衡。因此建议王先生购买一份商业保险来转移这方面的风险。

投资计划

　　按照王先生的财务状况，可以将资金分为4部分保证各项家庭支出。

　　（1）买房、结婚基金

　　因为这部分资金在两年后就要支付，不能承担风险，也不能进行长期投资。因此对安全性和流动性的要求较高，这就需要损失一定的资金收益能力。

收益性需求

安全性需求　　　流动性需求

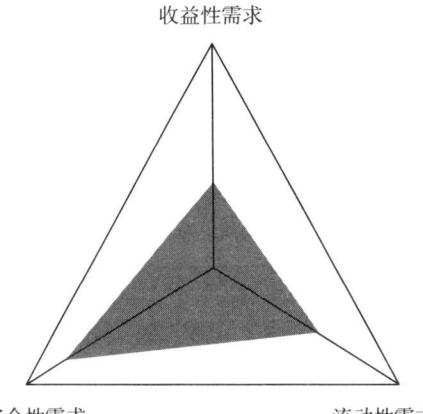

住房基金

收益性需求：★★★☆
安全性需求：★★★★
流动性需求：★☆

这部分资金需要在 2 年后支付，总规模要达到 40 万左右。为了筹备这些资金，除了现有的存款和货币市场基金共 20 万以外，王先生还应该将两人每月收入净余额的 80%，也就是 7500 元，投资这部分基金。

为了达到预计的风险收益率，王先生可以将这部分资金投资 60% 的货币市场基金和 40% 的债券型基金。

在具体操作上，可以将 10 万元银行存款取出一次性投资货币市场基金。在每月发放工资后将其中的 4500 元定投于货币市场基金，将 3000 元定投于债券型基金。另外如果有机会的话，王先生还可以适当买入一定国债来完善自己的投资组合。假设这个投资组合能够达到 3% 的年收益率，两年后王先生将有 39.5 万元的资金可用于买房和结婚两大项支出。

（2）备用基金

王先生和女友需要大约 2 万元的备用基金。这 2 万元是按照两人每月支出 3000 元，足够用 6 个月计算出来的。

这部分资金可以在每月的收入中逐步扣除，也可以在年终奖中一次性拿出。

应急基金需要很好的流动性和安全性，对盈利性没有什么要求。因此可以投资货币市场基金，或者直接放在银行存为自动转存的 3 个月定期存款。

收益性需求

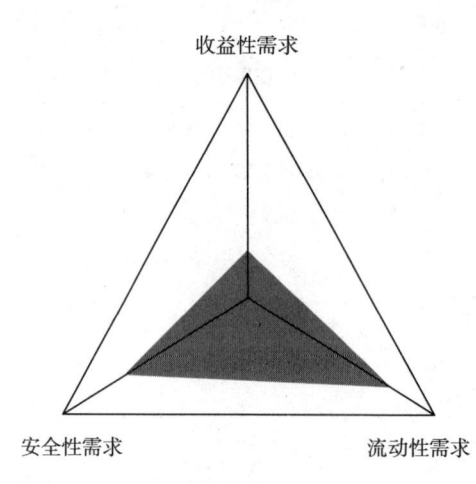

应急基金

收益性需求：★
安全性需求：★★★☆
流动性需求：★★★★

安全性需求　　　　　流动性需求

（3）保险基金

王先生是家庭收入的主要来源，单凭社会保险难以应对一些突发事件。因此建议在每月的收入中拿出 1000 元左右购买两份商业保险。

在购买商业保险时可以考虑"双 10 原则"，即"保费支出不超过年收入的 10%，一旦发生意外的保额为年收入的 10 倍"。建议王先生购买保额为 80 万元的意外伤害险保险，王先生的女友也应该选择一份保额在 30 万元左右的意外伤害险保险。在购买意外伤害险保险的同时，还可以搭配一定数量的定期寿险和重大疾病保险。

（4）投资基金

因为王先生的现金流略显紧张，可以买房后再考虑子女教育经费、父母赡养资金以及自己的退休基金，但投资基金是必须要准备的，王先生可以把剩余的资金全部投资这方面。

因为自己有买房、结婚的计划，现金流比较紧张。所以王先生在选择投资品种时应该多一些对资金安全性的考虑，不必追求短期的高额收益率。

在兼顾安全性的前提下，王先生可以选择指数型基金或者股债平衡的混合型基金作为投资对象。通过这样的基金产品，王先生可以实现资产的增值，万一出现亏损，也不至于损失太多而影响以后的理财计划。

收益性需求

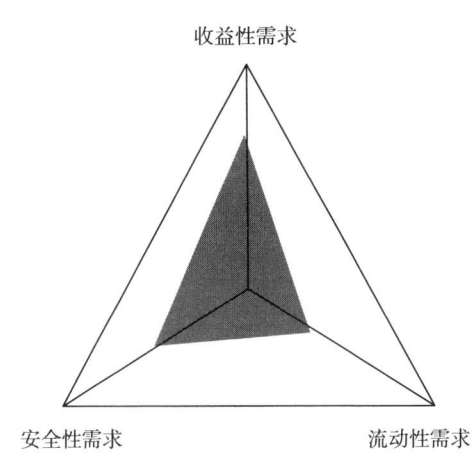

投资基金

收益性需求：★★★★
安全性需求：★★★
流动性需求：★★

安全性需求　　　流动性需求

在具体操作时，王先生可以将原来持有的 5 万元股票型基金以基金转换的方式改为指数型基金。同时在每月的收入余额中拿出 1000 元以基金定投的方式投资指数型基金。

操作方法

按照这样的理财计划，王先生首先应对调整家庭已有资产，调整方式如图 6-1 所示。

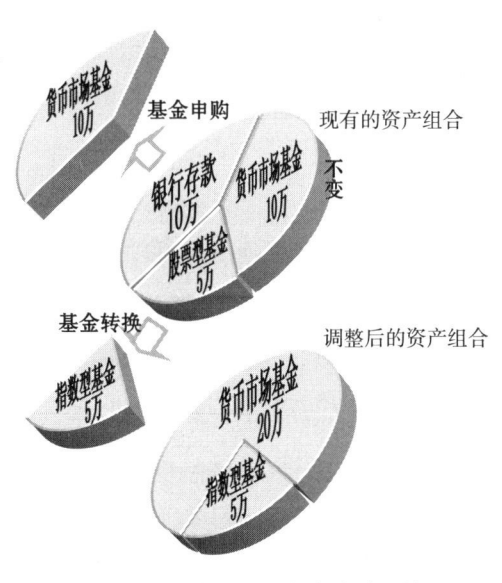

图6-1　王先生对现有资产的调整

另外，王先生还应该按照理财计划对每月的收入进行合理规划，如图6-2所示。

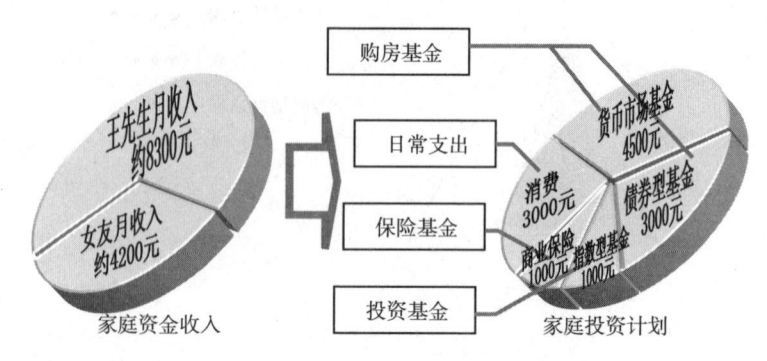

图6-2 王先生对现有收入的分配

通过这样的理财计划，王先生可以顺利地在两年后完成自己的买房、结婚计划，并对其他各项支出做了合理安排。但是，由于外部环境可能发生变化，建议王先生每隔半年左右重新对自己的财务状况进行一次评估，根据情况对理财计划做出修正。

4. 注意回避组合投资的误区

基民在构建基金组合时，会陷入一些误区。有几个误区在基民中普遍存在，这些是基民应该重点回避的。

（1）不坚持投资目的

在构建基金组合时，基民要有明确的目的，围绕自己的投资目的建立投资组合，控制投资风险。在追求资金增值时，基民可以多配置一些股票型基金；在追求资金安全时，基民需要多配置一些货币市场基金。一旦自己的投资目的明确，基民就不能再背离原定计划，盲目追逐热门基金。

例如，某基民在2016年开始构建自己的投资组合，准备在3年后买房。因为支付期比较短，这时首先应该考虑的是资金安全性。基民应该重点购买货币市场基金和债券型基金。但这位基民却没能坚持自己的投资目的，从2018年开始不断增加股票型基金在投资组合中的比例，结果在

2018年的熊市中套牢。到2018年年底，为了实现自己的买房计划，这位基民不得不在低位套现，承担了相当的损失。

（2）不明确核心组合

在投资组合中应该有一个明确的核心。也就是选择3只左右的基金组成一个占总资产80%左右的核心组合。这部分基金是为了实现投资者的主要投资目的而购买的。

例如，在前边王先生的例子中，"买房、结婚基金"是整个投资组合的核心。在购买核心基金时，基民应该仔细考察基金的稳定性。稳定型基金共同的特点是：基金经理在职时间较长、投资策略易于理解、交易费率低廉。

基金组合的非核心部分可以对应一些相对不重要的投资目的，例如备用应急所需资金。这部分资产所占的比重最好不要超过20%，而投资的基金品种应该控制在3只以内。

（3）不舍得卖出基金

有些基民在投资一段时间后，会不断发现有投资价值的基金品种而不停地买入，以前买入的基金又继续看好，不愿意卖出。最终基民会发现自己投资组合中的基金品种越来越多，而自己越来越迷茫，不知道该卖出哪只基金。

一般基民应该把自己投资的基金品种控制在5只左右。如果基民想买入一只新的基金，首先应该考虑这只基金在自己的投资组合中处于什么位置，是否足以替换原组合中的某只基金。基民在买入新基金品种的同时要卖出原有基金品种，否则只能让自己账户上的基金清单越来越长。

在卖出基金时，基民不妨对卖出标准进行量化。先列出几个硬性条件。例如，基金净值从之前高点下跌10%，基金业绩连续6个月下跌，跑输业绩比较基准10%，基金经理离开等。只要某只基金满足这些条件中的2条以上或者3条以上，基民就应该果断卖出，必要时还应该选择一只相似类型的基金替换其在投资组合中的位置。

第二节　基金投资组合的调整

基民构建完成自己的投资组合后，需要根据行情的变化适时调整各种产品的比例，达到优化组合的目的。调整投资组合的目的有很多，比较常见的是以下几种。

1. 因目标变化调整组合

投资者在构建投资组合时首先应该考虑自己的投资目标，当自己的投资目标改变时，也应该相应改变投资组合。

例如，某家庭准备了 20 万元资金，准备在两年后购买汽车。但一年之后，由于汽车价格下降，国家又给予新能源汽车补贴，只需要 15 万元就可以购买原来计划中的车型。于是该家庭决定在买车资金里拿出 5 万元来进行投资增值。这时家庭的投资目标改变了，投资组合也要做出相应改变。

另外，当投资目标临近时，也应该适当调整投资策略，逐渐减少高风险投资的比例。例如，某投资者自 2014 年开始筹备购房基金，准备在 2019 年购置房产。根据自己的情况，这位投资者将购房基金的 50% 投资货币市场基金，剩余 50% 投资风险较高的指数型基金。因为股票型基金的波动很大，为了避免在 2019 年股票市场陷入低谷造成损失，他可以在 2015 年中选择高点将一部分股票型基金转换为货币市场基金，使二者比例调整为 4∶6；到 2017 年时，再将这个比利调整为 2∶8；最后到 2019 年购买房产前一次性赎回。通过这样的操作，这位投资者可以大幅降低自己的投资风险。

2. 因年龄变化调整组合

投资者在不同的年龄阶段应该选择不同的投资组合。当一位投资者在30岁时，可以承受巨大的损失并能够从错误中吸取教训。这时即使破产，作为年轻人也有足够的时间和精力恢复元气。但是当一位投资者到达60岁时，就很难再有机会挽回自己的损失，最后只能留下终生的遗憾。

在众多投资组合理论中有著名的"100法则"和"40+法则"。这是两个根据自己的年龄调整投资组合的方法。

100法则是指投资者用100减去自己的年龄就是应该投资股票市场的比例。例如，30岁左右的投资者可以用70%的资金投资高风险的股票市场，剩余资金投资低风险的银行存款、国债等。当60岁时，只能将40%的资金投资股票，而应该将多数资金投资低风险市场，寻求保值。

与100法则类似的是40+法则。投资者用自己的年龄加上40，就是自己应该投资低风险品种的比例。例如，投资者30岁时，应该将所有资产的70%投资低风险品种，而将剩余的30%投资股票之类的高风险品种。当投资者60岁时，应该将全部的资产投资有固定收益的低风险品种，这时不应该再去承受股票投资的风险。如图6-3所示。

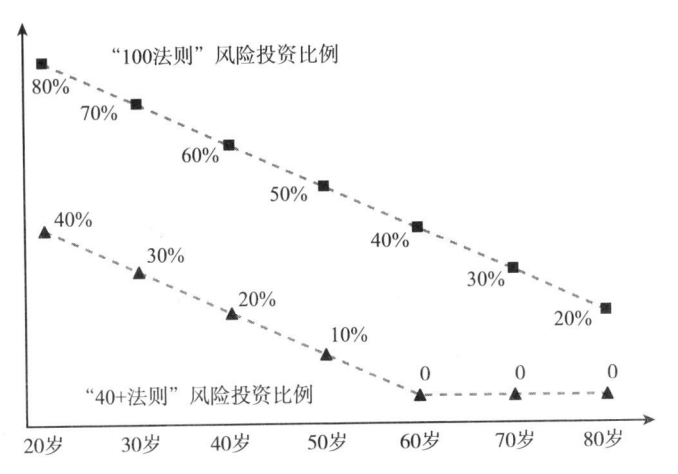

图6-3 "100法则"和"40+法则"在不同年龄段风险投资比例

通过前面的简单计算可以看出根据"100法则"和"40+法则"计算出的投资比例差别很大。这两个法则并不能说谁优谁劣，投资者应该根据自身情况灵活做出选择。

3. 因净值变化调整组合

基金净值会根据市场行情会不断变化，净值的变化又会引起投资比例的变化。因此在每年的固定时间，投资者都应该根据最新的基金净值重新平衡自己的投资比例。

例如，投资者持有1万元基金，其中包括5000元股票型基金A、5000元债券型基金B。在2009年，股票型基金A大幅上涨了120%，债券型基金B仅上涨2%。按照这个涨幅计算，在2009年年底，投资者持有两只基金的总净值达到16100元，其中基金A的净值达到11000元，占总净值的68%；基金B的净值为5100元，占总净值的32%。如果投资者要维持最初制定组合时的1∶1比例，需要将净值为2950元的基金A转为基金B，使两者净值相同。

通过重新平衡不仅能保持既定的投资比例，还能规避风险。在重新平衡时卖出的基金都是前期涨幅较大的，而买入的都是前期滞涨或下跌的品种。例如，在上面的例子中，如果投资者在2009年初将股票型基金转为债券型基金，就可以避免2010年和2011年股市持续下跌造成的损失，而债券型基金在这两年中均获得了不错的投资收益。

因为不同基金产品之间的转换需要缴纳一定的费用，投资者不需要经常对自己的投资组合重新平衡，一般在每年选择固定时间操作1～2次就足以达到目的。

附录一：基金管理公司名录

基金管理公司名录

序号	基金公司	成立时间	管理规模（亿元）	基金数
1	天弘基金管理有限公司	2004-11-08	14,414.42 09-10	131
2	易方达基金管理有限公司	2001-04-17	9,484.41 09-18	336
3	南方基金管理股份有限公司	1998-03-06	7,486.72 09-18	381
4	博时基金管理有限公司	1998-07-13	7,120.86 09-07	338
5	汇添富基金管理股份有限公司	2005-02-03	7,041.88 09-10	255
6	广发基金管理有限公司	2003-08-05	6,737.97 09-10	344
7	华夏基金管理有限公司	1998-04-09	6,693.12 09-18	325
8	嘉实基金管理有限公司	1999-03-25	5,991.91 09-21	272
9	工银瑞信基金管理有限公司	2005-06-21	5,871.43 09-10	243
10	鹏华基金管理有限公司	1998-12-22	5,563.29 08-28	302
11	建信基金管理有限责任公司	2005-09-19	4,942.00 08-31	186
12	富国基金管理有限公司	1999-04-13	4,833.99 09-17	251
13	华安基金管理有限公司	1998-06-04	4,388.12 09-11	206
14	招商基金管理有限公司	2002-12-27	4,386.38 09-14	315
15	中银基金管理有限公司	2004-08-12	4,026.56 09-21	180
16	平安基金管理有限公司	2011-01-07	3,965.64 09-07	197
17	银华基金管理股份有限公司	2001-05-28	3,895.01 09-10	173

续表

序号	基金公司	成立时间	管理规模（亿元）	基金数
18	兴证全球基金管理有限公司	2003-09-30	3,765.90 08-28	47
19	中欧基金管理有限公司	2006-07-19	3,380.86 09-18	161
20	国泰基金管理有限公司	1998-03-05	3,232.48 09-02	202
21	交银施罗德基金管理有限公司	2005-08-04	3,232.43 08-20	132
22	景顺长城基金管理有限公司	2003-06-12	3,013.32 09-09	143
23	农银汇理基金管理有限公司	2008-03-18	2,223.66 06-30	69
24	华宝基金管理有限公司	2003-03-07	2,189.17 09-18	119
25	兴业基金管理有限公司	2013-04-17	2,188.33 09-11	90
26	国寿安保基金管理有限公司	2013-10-29	2,071.46 08-21	95
27	浦银安盛基金管理有限公司	2007-08-05	2,059.78 09-17	123
28	永赢基金管理有限公司	2013-11-07	1,998.93 09-18	101
29	大成基金管理有限公司	1999-04-12	1,918.61 09-03	177
30	民生加银基金管理有限公司	2008-11-03	1,599.26 09-18	110
31	融通基金管理有限公司	2001-05-22	1,532.61 08-28	115
32	上海东方证券资产管理有限公司	2010-06-08	1,524.32 09-21	77
33	长城基金管理有限公司	2001-12-27	1,505.20 09-09	83
34	万家基金管理有限公司	2002-08-23	1,452.87 08-18	137
35	海富通基金管理有限公司	2003-04-18	1,399.75 09-18	113
36	上投摩根基金管理有限公司	2004-05-12	1,349.29 09-17	109
37	华泰柏瑞基金管理有限公司	2004-11-18	1,339.33 09-14	107
38	中银国际证券股份有限公司	2002-02-28	1,158.95 09-01	41
39	中融基金管理有限公司	2013-05-31	1,134.24 08-21	103
40	诺安基金管理有限公司	2003-12-09	1,061.56 06-30	82
41	中加基金管理有限公司	2013-03-27	1,051.49 09-17	74

附录一：基金管理公司名录

续表

序号	基金公司	成立时间	管理规模（亿元）		基金数
42	银河基金管理有限公司	2002-06-14	1,032.54	08-21	107
43	中信保诚基金管理有限公司	2005-09-30	961.07	09-09	130
44	国投瑞银基金管理有限公司	2002-06-13	956.87	08-27	83
45	光大保德信基金管理有限公司	2004-04-22	896.73	09-17	81
46	长信基金管理有限责任公司	2003-05-09	857.74	08-24	117
47	泰康资产管理有限责任公司	2006-02-21	757.77	09-18	82
48	前海开源基金管理有限公司	2013-01-23	732.99	08-24	144
49	华富基金管理有限公司	2004-04-19	713.29	08-04	63
50	泓德基金管理有限公司	2015-03-03	680.79	07-14	43
51	上银基金管理有限公司	2013-08-30	680.60	08-24	30
52	安信基金管理有限责任公司	2011-12-06	673.27	09-03	104
53	财通证券资产管理有限公司	2014-12-15	660.25	09-02	38
54	鹏扬基金管理有限公司	2016-07-06	646.61	09-07	70
55	西部利得基金管理有限公司	2010-07-20	603.42	08-20	72
56	国联安基金管理有限公司	2003-04-03	570.06	08-21	82
57	宝盈基金管理有限公司	2001-05-18	568.28	08-28	77
58	泰达宏利基金管理有限公司	2002-06-06	487.57	07-31	87
59	申万菱信基金管理有限公司	2004-01-15	484.91	07-29	72
60	国金基金管理有限公司	2011-11-02	480.49	08-13	30
61	新疆前海联合基金管理有限公司	2015-08-07	469.81	08-26	62
62	创金合信基金管理有限公司	2014-07-09	461.01	09-15	102
63	中邮创业基金管理股份有限公司	2006-05-08	437.15	09-09	67
64	金鹰基金管理有限公司	2002-11-06	418.39	08-20	68
65	中金基金管理有限公司	2014-02-10	418.04	09-15	62

续表

序号	基金公司	成立时间	管理规模（亿元）		基金数
66	鑫元基金管理有限公司	2013-08-29	392.75	07-31	63
67	东方基金管理股份有限公司	2004-06-11	384.63	09-02	74
68	太平基金管理有限公司	2013-01-23	368.29	09-17	20
69	华泰证券（上海）资产管理有限公司	2014-10-16	367.27	07-17	32
70	长盛基金管理有限公司	1999-03-26	346.22	08-26	97
71	德邦基金管理有限公司	2012-03-27	327.76	08-11	48
72	兴银基金管理有限责任公司	2013-10-25	325.39	08-13	43
73	新华基金管理股份有限公司	2004-12-09	315.55	06-30	70
74	国海富兰克林基金管理有限公司	2004-11-15	313.46	08-18	52
75	浙商基金管理有限公司	2010-10-21	310.20	09-10	47
76	华商基金管理有限公司	2005-12-20	303.60	06-30	66
77	中信建投基金管理有限公司	2013-09-09	298.18	07-28	41
78	财通基金管理有限公司	2011-06-21	289.00	09-09	48
79	信达澳银基金管理有限公司	2006-06-05	284.62	09-09	39
80	中信证券股份有限公司	1995-10-25	269.70	06-30	14
81	汇安基金管理有限责任公司	2016-04-25	261.65	09-18	74
82	方正富邦基金管理有限公司	2011-07-08	261.05	08-28	53
83	汇丰晋信基金管理有限公司	2005-11-16	261.05	08-13	32
84	睿远基金管理有限公司	2018-10-29	249.03	06-30	4
85	诺德基金管理有限公司	2006-06-08	246.31	08-27	33
86	摩根士丹利华鑫基金管理有限公司	2003-03-14	245.51	09-18	36
87	华泰保兴基金管理有限公司	2016-07-26	230.43	08-24	28
88	英大基金管理有限公司	2012-08-17	228.39	06-30	19
89	蜂巢基金管理有限公司	2018-05-18	204.65	08-13	19

续表

序号	基金公司	成立时间	管理规模（亿元）		基金数
90	金元顺安基金管理有限公司	2006-11-13	201.90	06-30	19
91	嘉合基金管理有限公司	2014-07-30	191.48	08-05	29
92	长江证券（上海）资产管理有限公司	2014-09-16	171.48	08-06	18
93	华润元大基金管理有限公司	2013-01-17	170.92	08-24	30
94	圆信永丰基金管理有限公司	2014-01-02	164.03	08-27	36
95	上海国泰君安证券资产管理有限公司	2010-08-27	160.21	06-30	5
96	富荣基金管理有限公司	2016-01-25	135.10	09-11	24
97	中国人保资产管理有限公司	2003-07-16	127.70	09-17	40
98	淳厚基金管理有限公司	2018-11-03	123.41	09-15	13
99	东吴基金管理有限公司	2004-09-02	118.71	06-30	32
100	九泰基金管理有限公司	2014-07-03	112.61	08-21	45
101	北信瑞丰基金管理有限公司	2014-03-17	110.44	06-30	24
102	惠升基金管理有限责任公司	2018-09-28	110.08	09-02	15
103	中海基金管理有限公司	2004-03-18	108.75	06-30	37
104	广发证券资产管理（广东）有限公司	2014-01-02	100.86	06-30	9
105	长安基金管理有限公司	2011-09-05	93.49	09-18	39
106	山西证券股份有限公司	1988-07-28	79.00	06-30	14
107	红土创新基金管理有限公司	2014-06-18	76.06	09-07	20
108	东兴证券股份有限公司	2008-05-28	74.85	08-05	25
109	红塔红土基金管理有限公司	2012-06-12	71.95	06-30	23
110	中庚基金管理有限公司	2015-11-13	66.59	06-30	3
111	浙江浙商证券资产管理有限公司	2013-04-18	61.59	06-30	25
112	博道基金管理有限公司	2017-06-12	61.26	06-30	25

续表

序号	基金公司	成立时间	管理规模（亿元）		基金数
113	泰信基金管理有限公司	2003-05-23	58.38	06-30	30
114	上海光大证券资产管理有限公司	2012-02-21	51.48	06-30	20
115	富安达基金管理有限公司	2011-04-27	43.48	09-18	16
116	南华基金管理有限公司	2016-11-17	33.95	06-30	19
117	金信基金管理有限公司	2015-07-03	33.29	06-30	22
118	渤海汇金证券资产管理有限公司	2016-05-18	30.87	06-30	8
119	格林基金管理有限公司	2016-11-01	29.95	08-05	23
120	西藏东财基金管理有限公司	2018-10-26	28.11	07-29	12
121	朱雀基金管理有限公司	2018-10-25	27.58	06-30	10
122	上海海通证券资产管理有限公司	2012-06-26	26.48	06-30	3
123	华融基金管理有限公司	2019-03-01	24.87	07-01	6
124	新沃基金管理有限公司	2015-08-19	24.58	06-30	5
125	东方阿尔法基金管理有限公司	2017-07-04	21.93	06-30	6
126	天治基金管理有限公司	2003-05-27	21.18	06-30	19
127	同泰基金管理有限公司	2018-10-11	20.46	09-07	18
128	东海基金管理有限责任公司	2013-02-25	19.98	07-24	12
129	湘财基金管理有限公司	2018-07-13	19.34	08-13	12
130	中国国际金融股份有限公司	1995-07-31	19.06	06-30	10
131	中泰证券（上海）资产管理有限公司	2014-08-13	18.60	06-30	13
132	华融证券股份有限公司	2007-09-07	17.83	03-31	0
133	江信基金管理有限公司	2013-01-28	17.36	06-30	14
134	益民基金管理有限公司	2005-12-12	16.81	06-30	8
135	先锋基金管理有限公司	2016-05-16	16.09	06-30	17
136	恒生前海基金管理有限公司	2016-07-01	14.10	06-30	16

续表

序号	基金公司	成立时间	管理规模（亿元）	基金数
137	博远基金管理有限公司	2018-12-12	13.86 07-08	9
138	弘毅远方基金管理有限公司	2018-01-31	12.96 06-30	5
139	中航基金管理有限公司	2016-06-16	12.56 06-30	11
140	凯石基金管理有限公司	2017-05-10	11.80 06-30	16
141	兴证证券资产管理有限公司	2014-06-09	8.94 06-30	2
142	中科沃土基金管理有限公司	2015-09-06	6.45 06-30	13
143	安信证券股份有限公司	2006-08-22	5.03 06-30	3
144	天风证券股份有限公司	2000-03-29	3.12 06-30	2
145	国融基金管理有限公司	2017-06-20	3.09 06-30	12
146	合煦智远基金管理有限公司	2017-08-21	2.95 06-30	6
147	国开泰富基金管理有限责任公司	2013-07-16	2.38 06-30	4
148	恒越基金管理有限公司	2017-09-14	2.35 06-30	4
149	太平洋证券股份有限公司	2004-01-06	1.35 06-30	1
150	华宸未来基金管理有限公司	2012-06-20	1.01 06-30	3
151	国都证券股份有限公司	2001-12-28	0.91 06-30	5
152	明亚基金管理有限责任公司	2019-02-27	0.64 06-30	2
153	北京高华证券有限责任公司	2004-10-18	—	0
154	达诚基金管理有限公司	2019-08-05	—	0
155	瑞达基金管理有限公司	—	—	0
156	华安证券股份有限公司	2001-01-08	—	3
157	方正证券股份有限公司	1994-10-26	—	2
158	招商证券资产管理有限公司	2015-04-03	—	2

天天基金网 2020 年 9 月 22 日数据

附录二：历年基金收益排名（2015～2019）

2015 年全部基金收益排名前 10

序号	基金代码	基金简称	期间涨幅率	期间分红（元/份）	分红次数	起始日期	单位净值	累计净值	终止日期	单位净值	累计净值	成立日期	手续费
1	000404	易方达新兴成长灵	172.91%	---	0	2015-01-05	1.2070	1.2070	2015-12-31	3.2940	3.2940	2013-11-28	0.15%
2	100056	富国低碳环保混合	167.42%	---	0	2015-01-05	1.1450	1.1450	2015-12-31	3.0620	3.0620	2011-08-10	0.15%
3	000063	长盛电子信息主题	155.40%	---	0	2015-01-05	0.9910	0.9910	2015-12-31	2.5310	2.5310	2013-05-10	0.15%
4	519156	新华行业灵活配置	153.10%	0.9440	1	2015-01-05	1.1990	1.1990	2015-12-31	1.5980	2.5420	2013-06-05	0.15%
5	519120	浦银安盛新兴产业	138.70%	---	0	2015-01-05	1.2920	1.2920	2015-12-31	3.0840	3.0840	2013-03-25	0.15%
6	519113	浦银安盛精致生活	124.40%	---	0	2015-01-05	1.1310	1.1910	2015-12-31	2.5380	2.5980	2009-06-04	0.15%
7	000124	华宝服务优选混合	121.37%	0.3000	1	2015-01-05	1.1760	1.1760	2015-12-31	2.3860	2.6860	2013-06-27	0.15%
8	000574	宝盈新价值混合A	121.05%	0.6880	2	2015-01-05	1.1640	1.1640	2015-12-31	1.7100	2.3980	2014-04-10	0.15%
9	000410	益民服务领先混合	118.08%	---	0	2015-01-05	1.1560	1.1560	2015-12-31	2.5210	2.5210	2013-12-13	0.15%
10	160918	大成中小盘混合(	115.97%	---	0	2015-01-05	1.0460	3.8510	2015-12-31	2.2590	5.0640	2014-04-10	0.15%

2015 年混合型基金收益排名前 10

序号	基金代码	基金简称	期间涨幅率	期间分红（元/份）	分红次数	起始日期	单位净值	累计净值	终止日期	单位净值	累计净值	成立日期	手续费
1	000404	易方达新兴成长灵	172.91%	---	0	2015-01-05	1.2070	1.2070	2015-12-31	3.2940	3.2940	2013-11-28	0.15%
2	100056	富国低碳环保混合	167.42%	---	0	2015-01-05	1.1450	1.1450	2015-12-31	3.0620	3.0620	2011-08-10	0.15%
3	000063	长盛电子信息主题	155.40%	---	0	2015-01-05	0.9910	0.9910	2015-12-31	2.5310	2.5310	2013-05-10	0.15%
4	519156	新华行业灵活配置	153.10%	0.9440	1	2015-01-05	1.1990	1.1990	2015-12-31	1.5980	2.5420	2013-06-05	0.15%
5	519120	浦银安盛新兴产业	138.70%	---	0	2015-01-05	1.2920	1.2920	2015-12-31	3.0840	3.0840	2013-03-25	0.15%
6	519113	浦银安盛精致生活	124.40%	---	0	2015-01-05	1.1310	1.1910	2015-12-31	2.5380	2.5980	2009-06-04	0.15%
7	000124	华宝服务优选混合	121.37%	0.3000	1	2015-01-05	1.1760	1.1760	2015-12-31	2.3860	2.6860	2013-06-27	0.15%
8	000574	宝盈新价值混合A	121.05%	0.6880	2	2015-01-05	1.1640	1.1640	2015-12-31	1.7100	2.3980	2014-04-10	0.15%
9	000410	益民服务领先混合	118.08%	---	0	2015-01-05	1.1560	1.1560	2015-12-31	2.5210	2.5210	2013-12-13	0.15%
10	160918	大成中小盘混合(	115.97%	---	0	2015-01-05	1.0460	3.8510	2015-12-31	2.2590	5.0640	2014-04-10	0.15%

附录二：历年基金收益排名（2015～2019）

2016年全部基金收益排名前10

序号	基金代码	基金简称	期间涨幅⇩	期间分红(元/份)	分红次数	起始日期	单位净值	累计净值	终止日期	单位净值	累计净值	成立日期	手续费
1	002521	永赢双利债券A	184.78%	1.8000	1	2016-05-25	1.0000	1.0000	2016-12-31	1.0320	2.8320	2016-05-25	0.08%
2	002059	国泰浓益灵活配置	92.40%	—	0	2016-01-04	1.2760	1.2760	2016-12-31	2.4550	2.4550	2015-11-16	—
3	002061	国泰安康定期支付	88.58%	—	0	2016-01-04	1.2350	1.2350	2016-12-31	2.3290	2.3290	2015-11-16	—
4	002881	中加丰润纯债债券	75.41%	—	0	2016-06-17	1.0000	1.0000	2016-12-31	1.7541	1.7541	2016-06-17	0.08%
5	002425	金鹰元禧混合C	61.37%	0.5000	1	2016-03-07	1.0000	1.0000	2016-12-31	1.1110	1.6110	2016-03-07	0.00%
6	001315	易方达新益混合E	60.20%	—	0	2016-01-04	1.0000	1.0000	2016-12-31	1.6020	1.6020	2015-06-16	—
7	002779	新疆前海联合新思	57.20%	—	0	2016-11-11	1.0000	1.0000	2016-12-31	1.5720	1.5720	2016-11-11	—
8	001903	光大欣鑫混合A	55.27%	0.0640	1	2016-01-04	1.0230	1.0230	2016-12-31	1.5260	1.5900	2015-11-16	0.08%
9	150270	招商中证白酒指数	55.19%	—	0	2016-01-04	0.6160	0.6160	2016-12-31	0.9560	0.9560	2015-05-27	—
10	002441	德邦新添利债券C	49.11%	0.3800	1	2016-02-17	1.0081	1.0081	2016-12-31	1.1235	1.5035	2016-02-17	0.00%

2016年混合型基金收益排名前10

序号	基金代码	基金简称	期间涨幅⇩	期间分红(元/份)	分红次数	起始日期	单位净值	累计净值	终止日期	单位净值	累计净值	成立日期	手续费
1	002059	国泰浓益灵活配置	92.40%	—	0	2016-01-04	1.2760	1.2760	2016-12-31	2.4550	2.4550	2015-11-16	—
2	002061	国泰安康定期支付	88.58%	—	0	2016-01-04	1.2350	1.2350	2016-12-31	2.3290	2.3290	2015-11-16	—
3	002425	金鹰元禧混合C	61.37%	0.5000	1	2016-03-07	1.0000	1.0000	2016-12-31	1.1110	1.6110	2016-03-07	0.00%
4	001315	易方达新益混合E	60.20%	—	0	2016-01-04	1.0000	1.0000	2016-12-31	1.6020	1.6020	2015-06-16	—
5	002779	新疆前海联合新思	57.20%	—	0	2016-11-11	1.0000	1.0000	2016-12-31	1.5720	1.5720	2016-11-11	—
6	001903	光大欣鑫混合A	55.27%	0.0640	1	2016-01-04	1.0230	1.0230	2016-12-31	1.5260	1.5900	2015-11-16	0.08%
7	001380	鹏华弘鹰混合C	46.67%	—	0	2016-01-04	1.0310	1.0310	2016-12-31	1.5122	1.5122	2015-05-25	0.15%
8	002564	新天通盈灵活配置	41.14%	0.3500	1	2016-09-22	1.0000	1.0000	2016-12-31	1.0460	1.3960	2016-09-22	0.15%
9	001342	易方达新享混合A	40.24%	—	0	2016-01-04	1.0090	1.0090	2016-12-31	1.4150	1.4150	2015-05-29	—
10	002186	国联安鑫享灵活配	37.83%	—	0	2016-01-04	1.0230	1.0230	2016-12-31	1.4100	1.4100	2015-11-28	0.00%

2017年全部基金收益排名前10

序号	基金代码	基金简称	期间涨幅率	期间分红(元/份)	分红次数	起始日期	单位净值	累计净值	终止日期	单位净值	累计净值	成立日期	手续费
1	150270	招商申证白酒指数	159.89%	---	0	2017-01-03	0.9620	0.9620	2017-12-31	1.2800	2.2330	2015-05-27	---
2	150199	国泰国证食品饮料	129.93%	---	0	2017-01-03	0.7074	1.8163	2017-12-31	1.6265	2.7354	2014-10-23	---
3	003142	鹏华弘达混合A	124.53%	---	0	2017-01-03	0.9958	0.9958	2017-12-31	2.2359	2.2359	2016-08-10	0.15%
4	001387	中融新经济混合A	121.95%	0.4320	1	2017-01-03	0.9760	0.9760	2017-12-31	1.7350	2.1670	2015-11-17	0.15%
5	002163	东方惠新灵活配置	111.75%	---	0	2017-01-03	1.0645	1.0645	2017-12-31	2.2541	2.2541	2015-11-20	0.00%
6	519746	交银丰享收益债券	101.29%	0.0110	1	2017-01-20	1.0090	1.0000	2017-12-31	2.0090	2.0200	2017-01-20	0.08%
7	150230	鹏华酒分级B	100.49%	---	0	2017-01-03	0.8160	0.8160	2017-12-31	1.6360	1.6360	2015-04-29	---
8	150330	方正富邦保险主题	77.94%	---	0	2017-01-03	0.9520	0.9520	2017-12-31	1.6940	1.6940	2015-07-31	---
9	004008	中融鑫思路混合A	76.76%	0.3830	1	2017-01-16	1.0000	1.0000	2017-12-31	1.3809	1.7639	2017-01-16	0.15%
10	004009	中融鑫思路混合C	74.78%	0.3830	1	2017-01-16	1.0000	1.0000	2017-12-31	1.3638	1.7468	2017-01-16	0.00%

2017年混合型基金收益排名前10

序号	基金代码	基金简称	期间涨幅率	期间分红(元/份)	分红次数	起始日期	单位净值	累计净值	终止日期	单位净值	累计净值	成立日期	手续费
1	003142	鹏华弘达混合A	124.53%	---	0	2017-01-03	0.9958	0.9958	2017-12-31	2.2359	2.2359	2016-08-10	0.15%
2	001387	中融新经济混合A	121.95%	0.4320	1	2017-01-03	0.9760	0.9760	2017-12-31	1.7350	2.1670	2015-11-17	0.15%
3	002163	东方惠新灵活配置	111.75%	---	0	2017-01-03	1.0645	1.0645	2017-12-31	2.2541	2.2541	2015-11-20	0.00%
4	004008	中融鑫思路混合A	76.76%	0.3830	1	2017-01-16	1.0000	1.0000	2017-12-31	1.3809	1.7639	2017-01-16	0.15%
5	004009	中融鑫思路混合C	74.78%	0.3830	1	2017-01-16	1.0000	1.0000	2017-12-31	1.3638	1.7468	2017-01-16	0.00%
6	003854	汇安丰华混合A	73.48%	---	0	2017-01-10	1.0000	1.0000	2017-12-31	1.7348	1.7348	2017-01-10	0.15%
7	002803	东方红沪港深混合	65.64%	---	0	2017-01-03	1.0360	1.0360	2017-12-31	1.7160	1.7160	2016-07-11	---
8	001112	东方红中国优势混	58.50%	---	0	2017-01-03	1.0410	1.0410	2017-12-31	1.6500	1.6500	2015-04-07	---
9	169103	东方红睿轩三年定	57.79%	0.0420	1	2017-01-03	1.0770	1.0770	2017-12-31	1.6340	1.6760	2016-01-20	---
10	004223	金信多策略精选灵	57.20%	---	0	2017-06-08	1.0000	1.0000	2017-12-31	1.5720	1.5720	2017-06-08	0.15%

附录二：历年基金收益排名（2015～2019）

2018年全部基金收益排名前10

序号	基金代码	基金简称	期间涨幅	期间分红（元/份）	分红次数	起始日期	单位净值	累计净值	终止日期	单位净值	累计净值	成立日期	手续费
1	006011	中信保诚稳鸿A	546.80%	—	0	2018-05-31	1.0000	1.0000	2018-12-31	6.4680	6.4680	2018-05-31	0.08%
2	519760	交银新回报灵活配	256.69%	—	0	2018-01-02	1.1130	1.1330	2018-12-31	3.9700	3.9900	2015-11-19	0.00%
3	003106	光大永鑫混合C	226.03%	—	0	2018-01-02	1.0680	1.0680	2018-12-31	3.4820	3.4820	2016-08-19	0.00%
4	003105	光大永鑫混合A	225.51%	—	0	2018-01-02	1.0700	1.0700	2018-12-31	3.4830	3.4830	2016-08-19	0.08%
5	004400	金信民兴债A	104.30%	0.2460	2	2018-01-02	0.9728	0.9728	2018-12-31	1.7314	1.9774	2017-03-08	0.08%
6	004957	中银证券安誉债券	88.70%	0.0150	1	2018-03-29	1.0000	1.0000	2018-12-31	1.8718	1.8868	2018-03-29	0.00%
7	003254	前海开源鼎裕债券	74.89%	—	0	2018-01-02	1.0425	1.0425	2018-12-31	1.8232	1.8232	2016-09-23	0.08%
8	003255	前海开源鼎裕债券	73.01%	—	0	2018-01-02	1.0696	1.0696	2018-12-31	1.8505	1.8505	2016-09-23	0.00%
9	550016	信诚至远C	38.28%	—	0	2018-01-02	1.0420	1.0420	2018-12-31	1.4409	1.4409	2012-12-12	0.00%
10	320021	诺安双利债券发起	35.75%	—	0	2018-01-02	1.4320	1.4320	2018-12-31	1.9440	1.9440	2012-11-29	0.08%

2018年混合型基金收益排名前10

序号	基金代码	基金简称	期间涨幅	期间分红（元/份）	分红次数	起始日期	单位净值	累计净值	终止日期	单位净值	累计净值	成立日期	手续费
1	519760	交银新回报灵活配	256.69%	—	0	2018-01-02	1.1130	1.1330	2018-12-31	3.9700	3.9900	2015-11-19	0.00%
2	003106	光大永鑫混合C	226.03%	—	0	2018-01-02	1.0680	1.0680	2018-12-31	3.4820	3.4820	2016-08-19	0.00%
3	003105	光大永鑫混合A	225.51%	—	0	2018-01-02	1.0700	1.0700	2018-12-31	3.4830	3.4830	2016-08-19	0.08%
4	550016	信诚至远C	38.28%	—	0	2018-01-02	1.0420	1.0420	2018-12-31	1.4409	1.4409	2012-12-12	0.00%
5	003503	金鹰鑫瑞混合C	23.55%	—	0	2018-01-02	1.0151	1.0151	2018-12-31	1.2542	1.2542	2016-12-06	0.00%
6	005542	前海开源盛鑫混合	21.40%	—	0	2018-04-04	1.0000	1.0000	2018-12-31	1.2140	1.2140	2018-04-04	0.00%
7	005541	前海开源盛鑫混合	21.36%	—	0	2018-04-04	1.0000	1.0000	2018-12-31	1.2136	1.2136	2018-04-04	0.15%
8	519221	海富通欣益混合C	21.00%	0.0520	1	2018-01-02	1.0690	1.0690	2018-12-31	1.2310	1.2830	2016-09-07	0.00%
9	003412	鹏华弘康灵活配置	18.19%	—	0	2018-01-02	1.0026	1.0026	2018-12-31	1.1850	1.1850	2016-09-29	0.00%
10	003411	鹏华弘康灵活配置	16.50%	—	0	2018-01-02	1.0387	1.0387	2018-12-31	1.2101	1.2101	2016-09-29	0.15%

2019年全部基金收益排名前10

序号	基金代码	基金简称	期间涨幅	期间分红(元/份)	分红次数	起始日期	单位净值	累计净值	终止日期	单位净值	累计净值	成立日期	手续费
1	006401	先锋量化优选混合	5012.25%	---	0	2019-05-15	1.0000	1.0000	2019-12-31	1.0938	51.1225	2019-05-15	0.15%
2	006210	东方臻宝纯债债券	278.13%	0.0270	1	2019-01-02	1.0180	1.0180	2019-12-31	3.7483	3.7753	2018-06-08	---
3	006279	中金瑞祥A	268.93%	---	0	2019-01-02	1.0797	1.0797	2019-12-31	3.9833	3.9833	2018-11-13	0.15%
4	150232	申万菱信申万电子	244.89%	---	0	2019-01-02	0.3656	---	2019-12-31	1.2609	---	2015-05-14	---
5	150050	南方消费进取	232.39%	---	0	2019-01-02	0.2880	1.1410	2019-12-31	1.6420	3.7920	2012-03-13	---
6	150270	招商中证白酒指数	217.36%	---	0	2019-01-02	0.6668	1.6201	2019-12-31	1.0128	3.0555	2015-05-27	---
7	150216	国泰深证TMT5	204.14%	---	0	2019-01-02	0.3820	0.1152	2019-12-31	1.1618	0.3503	2015-03-26	---
8	150230	鹏华酒分级B	186.25%	---	0	2019-01-02	1.0380	1.2360	2019-12-31	1.4020	1.6680	2015-04-29	---
9	150195	富国中证移动互联	182.91%	---	0	2019-01-02	0.3980	2.0350	2019-12-31	1.1260	2.0690	2014-09-02	---
10	150246	鹏华互联网分级B	178.57%	---	0	2019-01-02	0.4200	0.0850	2019-12-31	1.1700	0.2360	2015-06-16	---

2019年混合型基金收益排名前10

序号	基金代码	基金简称	期间涨幅	期间分红(元/份)	分红次数	起始日期	单位净值	累计净值	终止日期	单位净值	累计净值	成立日期	手续费
1	006401	先锋量化优选混合	5012.25%	---	0	2019-05-15	1.0000	1.0000	2019-12-31	1.0938	51.1225	2019-05-15	0.15%
2	006279	中金瑞祥	268.93%	---	0	2019-01-02	1.0797	1.0797	2019-12-31	3.9833	3.9833	2018-11-13	0.15%
3	006109	富荣价值精选混合	138.20%	---	0	2019-01-02	0.7841	0.7841	2019-12-31	1.8677	1.8677	2018-08-10	0.10%
4	005911	广发双擎升级混合	122.75%	---	0	2019-01-02	0.9783	0.9783	2019-12-31	2.1792	2.1792	2018-11-02	0.15%
5	002939	广发创新升级混合	114.46%	---	0	2019-01-02	0.8605	0.9055	2019-12-31	1.8454	1.8904	2016-08-24	0.15%
6	001071	华安媒体互联网混	103.94%	---	0	2019-01-02	0.9890	0.9890	2019-12-31	2.0170	2.0170	2015-05-15	0.15%
7	519778	交银经济新动力混	100.57%	---	0	2019-01-02	0.9841	0.9841	2019-12-31	1.9738	1.9738	2016-10-20	0.15%
8	519727	交银成长30混合	100.37%	---	0	2019-01-02	0.8030	1.2630	2019-12-31	1.6090	2.0690	2013-06-05	0.15%
9	161810	银华内需精选混合	100.37%	---	0	2019-01-02	1.0960	1.0420	2019-12-31	2.1960	2.0880	2009-07-01	0.15%
10	519674	银河创新成长混合	98.38%	---	0	2019-01-02	2.0308	2.0308	2019-12-31	4.0288	4.0288	2010-12-29	0.15%